DIE DRACHENMAGIE DER 36 DRACHENSIEGEL

von
Hans Pyrchall.

ISBN 978-3-89094-722-8

INHALTSVERZEICHNIS

≈ VORWORT ≈

Die Drachen und ihre Welt sowie der Drachenvater und die Drachenmutter, erschaffen vom höchsten und mächtigsten Drachengott, von dem alle Drachen aller Welten erschaffen wurden, besitzen machtvolle Drachenmagie, eines jeden einzelnen unterschiedlich.

Die einzelnen Siegel sind von den Drachen und mir als Hexenmagier handgefertigt, vom Drachenvater (Drachenkönig) und von der Drachenmutter (Drachenkönigin) mit ihrer Drachenmagie beseelt und zu einem einzigen ganzen Siegel geformt, besiegelt und versiegelt und vom Drachengott in sich aufgenommen worden. Der Drachengott gab dieses 36-Drachen-Siegel an alle Drachen in allen Drachenwelten weiter.

So soll es uns Menschen leichter fallen, mit diesen Siegeln der Drachen einen ausgewählten, bestimmten Drachen zu rufen und eine Verbindung bzw. den Kontakt zu dem Drachen herstellen zu können.
Sogar zu den drei höchsten aller Drachen.

Die Drachen sind für mich die stärksten magischen Wesen, die es gibt.
Strebt man danach, auf magischer Ebene weiterzukommen,
dann kann ich die Drachen und ihre Drachenfreundschaft sehr empfehlen.

Nach 28 Jahren meines jetzigen Lebens, meiner magischen Praxis und des magischen Wissens, einschließlich meiner 12-jährigen magischen Zusammenarbeit mit meinen Drachenfreunden, schreibe ich mit Hilfe der Drachen

dieses Buch für jene Menschen, die sich zu Drachen auch schon immer hingezogen fühlten und mit ihnen in engen und intensiven Kontakt treten möchten und sich das im Herzen ganz fest wünschen.
Die Anrufung seines ausgewählten Drachens aus der Drachentabelle in diesem Buch, zum Ausschneiden auf den letzten Buchseiten, sowie sein Herz frei sprechen zu lassen ohne vorgegebenen Beschwörungstext, ist einfach und ohne viel Aufwand, weil alles, was man für die Praxis benötigt, in diesem Buch enthalten ist.

Die höhere und erweiterte Magiepraxis in diesem Buch bezieht sich auf die magische Praxis des 36-Drachen-Siegels, das vieles vereinfacht, da alle 36 Siegel der Drachen und ihrer Drachenmagiekräfte in einem einzigen ganzen Siegel enthalten sind.

Die Drachen helfen in allen Lebenssituationen im alltäglichen Leben genauso wie in allen magischen Welten und Ebenen.

So wünsche ich allen Drachenfreunden und allen, die es werden möchten, eine wunderschöne Zeit in Liebe und enger magischer Zusammenarbeit mit den Drachen.

Der Hexenmagier

≈ Kapitel I ≈
Mit den Drachen zur Drachenmagie

Seit ca. 12 Jahren befasse ich mich mit den Drachen und habe bis jetzt 3 Bücher über Drachen gelesen. Aber das wirkliche, geheime Wissen und über die Drachenmagie und deren Ausübung erlangt man nur von den Drachen selbst.

Ich hatte im Laufe vieler Jahre gelernt, meine Gefühle und Kräfte zu verstehen und zu lenken. Eines Morgens stand ich auf meiner Turnmatte und machte meine Yogaübungen.

Plötzlich sah ich mit meinem inneren Auge in meinem Herz einen zusammengerollten, feuerroten Drachen, der mich anschaute und so viel Kraft ausstrahlte, dass ich total verblüfft und erschrocken war.

Ich wusste nicht warum, und was es bedeutete. Er war so voller Liebe und Kraft, die mich sofort in den Bann gezogen haben, und ich wusste, dies war ein sehr entscheidendes Erlebnis für mich. Vor allem dachte ich vorher und auch zu diesem Zeitpunkt absolut nicht an einen Drachen. Ich wusste, dies kam aus meinem Inneren, aus meinem Herzen.

So begann ich, mich genauer und intensiver mit Drachen zu befassen, auch Drachen zu malen, zum Beispiel mit schwarzen Stiften auf weißer Bettwäsche und auf bespannten Keilrahmen oder Leinen.
Von dem roten Drachen in meinem Herzen wusste ich, dass ich auch starke Kräfte in meinem Herzen habe, so genannte Drachenkräfte, denn der Feuerdrache des Herzens ist Kraft und Energie des Blutes und des Lebens in sich selbst.

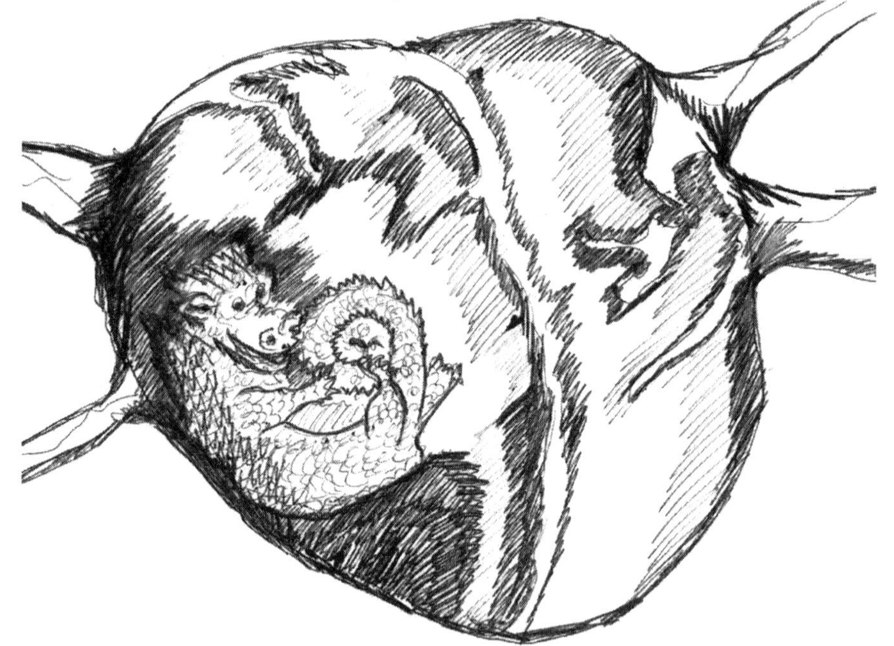

Der kleine rote Drache in meinem Herzen

Durch diese Kraft, mit der Drachen in ihrem Herzen verbunden sind, wird man mit großer Kraft und mit Leben erfüllt – erweckt von der Kraft, die er in seinem Herzen trägt.
Man muss sich nur mit dem Drachen vereinigen, verbünden, ihn annehmen und lieben als Teil seines Selbst.
Man braucht nur an sein eigenes Herz zu denken und daran, was sich in seinem Herzen befindet, dass hier die Kraft und Energie, ja auch die Magie des Lebens herrscht und vorhanden ist.

So kann jede Energie oder Kraft auch Form annehmen, so wie auch Gedanken jede Form annehmen können.

So zeichnete ich Drachen und kaufte mir mein erstes Drachenbuch; es handelte aber nur von Sagen und Legenden, die es über Drachen gibt. Über wirkliche Drachenmagie fand ich nur ein einziges Buch in Deutsch, das mir aber noch viel zu kopflastig war.

Man muss sich viel merken von dem, was geschrieben steht. Beschwörungssprüche und Formeln finde ich viel zu aufwändig, denn wahre Magie kommt aus dem Herzen und nicht aus dem Kopf.
Etwas auswendig zu lernen und dann wiederzugeben ist nur bei Gedichten und Zaubersprüchen sinnvoll.
Vor allem die wahren, alten, geheimen Sprüche, die heutzutage nur wenige kennen und die in nur wenigen Büchern stehen – welche sicher nicht alle ins Deutsche übersetzt wurden –, denn früher wurden Hexen- oder Zaubersprüche gesungen.

Unbefriedigt von den Drachenbüchern suchte ich auf einer anderen Ebene weiter und versuchte, ein echtes Drachenamulett zu finden, mit dem ich Kontakt zu einem Drachen herstellen und ihn rufen konnte. Die Suche erwies sich als sehr aufwendig und schwer, weil es prinzipiell ganz wenige echte Amulette gibt, die mit einem Wesen oder mit Magie in Kontakt stehen oder sogar ein eigenes Bewusstsein haben.

Solche echten Amulette kann man aber nicht in einem Geschäft kaufen, sie sind sehr schwer zu bekommen.
Am besten ist es, man kennt einen Magier oder eine Hexe, oder stellt durch eine Beschwörung Kontakt mit einem Wesen her, und lässt sich ein echtes Amulett anfertigen oder aufladen.
Oder man macht sich selbst sein Amulett, es ist nicht schwer.
Je lockerer und einfacher man die Magie ausübt, desto stärker ist sie.
Je natürlicher und einfacher man denkt, anstatt sich zu sehr zu konzentrieren und sich auszumalen, wie man es am besten macht, umso leichter und wirksamer ist es.

Meine meisten Rituale habe ich in der U-Bahn oder einem anderen Verkehrsmittel gemacht, einfach so nebenbei.
So schaltet sich das Unterbewusstsein ein und führt das Ritual einfach durch, ohne vom Bewusstsein abgelenkt oder total gesteuert zu werden. Es ist besser, sein Unterbewusstsein frei handeln zu lassen, denn es weiß besser, wie es gemacht wird.

Das nötige Selbstvertrauen in die Kraft seines Geistes ist hier sehr wichtig.

Die Praxis ist Gold wert. Sie ist besser, als sich etwas in der Theorie vorzunehmen und vorzubereiten.
Denn den wahren Meister macht nur die Praxis aus und nicht die Theorie.
Das Wissen kommt aus seinem Inneren durch Erfahrung und Praxis.
So lernt man am besten und kommt schnell weiter.

All die Kräfte und das Wissen sind in seinem Inneren magische Wesen. Jeder besitzt in sich ein inneres magisches Wesen und steht in Verbindung mit seinem höheren Wesen. Von diesem höheren Wesen wird auch Wissen gelehrt. Dieses Wissen kann man nicht in einem Buch lesen und lernen, denn es lehrt direkt im Verbindungskontakt, in der direkten Kommunikation.

Im Laufe vieler Jahre habe ich viele Drachenfreunde nur durch die Praxis gewonnen. Die Drachen der vier Elemente Erde, Wasser, Feuer, Luft sowie Licht-, Finsternis- und Wächterdrachen und ganz besonders der Drachenkönig, die Drachenkönigin und der Drachengott sind am Anfang der Drachenmagie am wichtigsten, vor allem die Magiedrachen, die einen lehren und zeigen, wie man die Drachenmagie richtig ausübt.

Danach kommen die spezielleren Drachen, wie die Planetendrachen, die Sonnendrachen die Monddrachen, Golddrachen, Zeitdrachen, ja, es gibt auch Kuscheldrachen und Traumdrachen und sehr viele mehr.

Wichtig ist, dass man sich nach dem Kennenlernen zu einem bestimmten Drachen hingezogen fühlt, dass man in seinem Herzen wirklich den innigsten Wunsch hat, mit den Drachen zusammen zu sein und sein Leben gemeinsam mit den Drachen verbringen zu wollen.

Um mit den Drachen gemeinsam die Drachenmagie auszuüben oder von den Drachen die Drachenmagie übertragen zu bekommen, muss man mit den Drachen aktiv zusammenarbeiten und mit ihnen befreundet sein.

Jeder einzelne Drache lehrt seine persönliche Drachenmagie durch die gemeinsame Verbindung und Freundschaft, die mit der Zeit auf natürliche Weise entsteht.

Wahres magisches Wissen besitzt man auch selbst durch sein inneres magisches Wesen.
Doch ist dies auch ein langer Weg, mit seinem inneren magischen Wesen eins zu sein, und wenn man mit den Augen der Freundschaft sieht, so ist auch immer Vertrauen da. Wo Vertrauen ist, fühlen wir uns geborgen und zu Hause.
Jeder Drache, den man aus seinem Herzen heraus ruft, wird auch immer zuhören und kommen. Es gibt aber auch Drachen, die wirklich sehr zurückgezogen sind, wie der Golddrache oder der Zeitdrache, und erst dann gewillt sind

zu kommen, wenn man schon mit anderen Drachen befreundet ist und mit ihnen Kontakt hatte.

Dic mcisten Drachen sind eher scheu, wenn sie einen nicht kennen, doch wenn sie einem einmal tief ins Herz geblickt haben, dann schmilzt das Eis sehr schnell, wenn man ein guter Mensch ist.

Lange bevor der Buddhismus nach Japan kam, herrschte die Drachenreligion, erzählte uns eine schon ältere Japanerin in einem Japanischkurs für Anfänger, den ich einmal besuchte. Denn die Drachenreligion gab es früher auf der ganzen Welt. Die Drachen sieht man noch heute überall auf der ganzen Welt, in Afrika, Asien, Nord- und Südamerika, Kanada, Australien und Europa.
Die Drachen sind auch heutzutage noch überall als Figuren, Malereien, Amulette, auf Waffen, Bannern, Siegeln, als Schmuck und auf Kleidung usw. auf der ganzen Welt verbreitet.
Denn die uralte Drachenreligion, die es auf der ganzen Welt gab, noch vor vielen anderen Religionen, gibt es auch heute noch.

Denn Drachenreligion heißt Drachenglaube, an die Drachen und ihre Drachenmagiekräfte zu glauben, und es gibt bis heute viele Menschen, die an die Drachen und ihre Drachenmagie glauben und davon überzeugt sind, dass die Drachen uns Menschen lieben und helfen wollen.

Drache sei Dank!

Die Drachenhöhlen

Die Drachenhöhlen sind das Heim der Drachen.
Dort fühlen sie sich sicher, geborgen und beschützt.
Jede Drachenhöhle hat einen Drachenschutzzauber und steht in magischer Verbindung mit unserer Welt.
Kein Wesen kann ohne Einverständnis des Drachens eintreten.
Der Drache spürt die Anwesenheit und davor auch den Willen jedes Wesens, seine Höhle in seiner Drachenwelt zu betreten.

Erst muss man den Drachen kontaktieren, mit ihm geistig Verbindung und Kontakt aufnehmen.
Dies wird erleichtert durch sein Siegel.

Doch hat man einmal, und da ist die Zeit nicht bestimmbar oder voraussehbar, genügend Erfahrung und Wissen angesammelt und mit den Drachen Freundschaft geschlossen, braucht man keine Siegel, keine anderen magischen Hilfsmittel oder magischen Gegenstände mehr. Denn dann hat man mit dem Drachen eine ganz besondere Verbindung. Dann genügt es, einfach nur mit seinem Geist an den Drachen zu denken und man ist mit ihm verbunden.
Magische materielle Gegenstände sollen einfach nur solange helfen, bis man mit seinem Geist alleine so weit ist.

Zurück zur Drachenhöhle. Wenn man mit dem Drachen Kontakt hat und der Drache weiß, wer zu ihm in seine Drachenhöhle möchte, kann man die Drachenhöhle betreten.
Für mich waren und sind das auch heute noch immer sehr fantastische, wunderschöne Erlebnisse, wenn ich eine Drachenhöhle betrete.

Die kann voller Moos oder Flechten, Muscheln oder Erde, Stein oder Eis, aus purem Gold oder durchzogen mit Silberadern sein, je nach Drache.

Was sich in der Höhle befindet, ist so unterschiedlich, wie es unterschiedliche Pflanzen gibt. Von Juwelen, Edelsteinen, Gold über Erde, Wurzeln, Kieselsteine, Baumrinden, Moos bis zu Knochen, Lava, Eis, Licht u.v.m.

Die Übertragung der Drachenmagie auf sich selbst

Die Drachen bestimmen den Zeitpunkt, wann sie einem ihre Magiekräfte übertragen. Diese Übertragung ist anders gesehen eine Bewilligung, wie ich es nennen würde. Wenn man eine magische Handlung durchführt und sich auf einen Drachen, mit dem man befreundet ist, konzentriert, dann stellt einem dieser Drache sofort seine Magiekräfte zur Verfügung und erlaubt, diese (seine) Kräfte einzusetzen und zu verwenden, wie man möchte.

Diese sogenannte Drachenmagieübertragung findet erst dann statt, wenn der Drache diesen Zeitpunkt bestimmt hat und für richtig hält.
Jeder Drache ist dazu bereit.
Er bestimmt, welche Voraussetzungen zu dieser Handlung nötig sind, wann man so weit ist, ob das Vertrauen da ist, ob man selbst von seiner spirituellen Kraft und Entwicklungsstufe her so weit ist usw.
Die Übertragung seiner Drachenmagie auf einen selbst ist der höchste und schönste Vertrauensbeweis der Drachen, den es gibt.

Hat man die Drachenmagie einmal von einem Drachen übertragen bekommen und ruft später wieder seinen Drachen, ist die geistige Kontaktaufnahme und Verbindung in ca. 5 Sekunden da (in diesen Sekunden den Drachen bitten: „Bitte, Drache, hilf mir...“) und man kann sofort die Drachenmagie des Drachens einsetzen, so als ob man diese Drachenmagie selbst in sich trägt.
Zu diesem Zeitpunkt bildet man mit seinem Drachen eine Einheit, die im Laufe der Zeit wächst und immer stärker wird. Man spürt den Drachen, seinen Geist, seine Gedanken, Gefühle – und umgekehrt.

Bei mir selbst hat es beim ersten Drachen ca. 6 Jahre gedauert, bis er mir seine Drachenmagie übertragen hat. Danach willigten mehrere ein, da die anderen Drachen wissen, dass man die Drachenmagie von einem Drachen übertragen bekommen hat, und dies ihr Vertrauen zu einem stärkt.
Die drei höchsten Drachen, der Drachenkönig und die Drachenkönigin sowie der Drachengott, spielen hier eine sehr wichtige Rolle. Man muss mit allen drei höchsten Drachen intensiven Verbindungskontakt gehabt haben, um die Drachenmagie überhaupt von einem Drachen übertragen zu bekommen.
Es geschieht aber mit der Zeit ganz von selbst, dass eine Verbindung zu den drei höchsten Drachen entsteht, weil sie einen besuchen werden, wenn man es am wenigsten erwartet.
So war es bei mir, sie wählten den richtigen Zeitpunkt.

Die drei höchsten Drachen

Wer einmal Kontakt mit dem Drachenvater (Drachenkönig), der Drachenmutter (Drachenkönigin) und dem Drachengott hatte, ist ab diesem Zeitpunkt immer mit ihnen verbunden!
Dies sind sehr starke magische Erlebnisse, weil es die stärksten und auch liebevollsten aller Drachen sind.

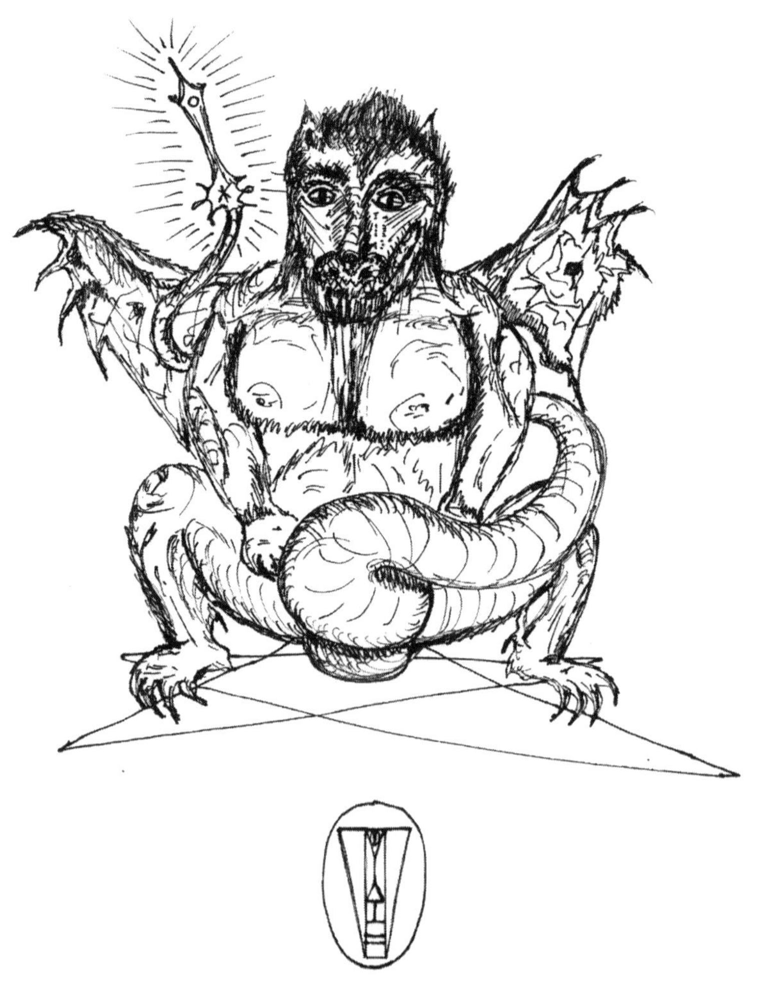

Der Drachengott

Einmal an einem Nachmittag, an dem ich ganz gemütlich auf einer Liege lag, sah ich unerwartet den Drachengott vor mir und wusste anfangs gar nicht, dass es der Drachengott höchstpersönlich war.

Ich war in einem schwarzen Raum ohne Wände und in einiger Entfernung vor mir stand eine sehr große Figur, die ca. 4 Meter hoch war und in sehr dunklem glänzendem Schwarz erschien.
Nachdem sich die Figur nicht bewegte, wusste ich, dass es eine Statue war. Diese riesige Statue war umhüllt, so schien es mir, von schwarzrotem Licht.
Es war wie eine Korona und ich war sehr fasziniert davon, weil es so wunderschön war. Ich hörte einen sehr tiefen, brummenden Ton, der alles, mich eingeschlossen, durchdrang und in eine leichte, sehr angenehme Vibration versetzte. Lange schaute ich die Statue von weitem an und versuchte mit meinem inneren magischen Wesen die Statue zu spüren und herauszufinden, welche Energie, Kraft und welches Wesen sie sei. Doch spürte ich eine Wand, eine Blockade, die ich nicht durchdringen konnte.

So blieb mir nichts anderes übrig, als mich der Statue zu nähern. Ich ging Schritt für Schritt, mit einem sehr mulmigen Gefühl im Bauch, auf die Statue zu. Als ich näher kam, merkte ich, dass ich gar keinen Boden unter meinen Füßen hatte, nur schwarze Leere.
Ganz nah trat ich vor die Statue und erst jetzt merkte ich, dass es ein Drache war. Ich kniete mich vor die Drachenstatue und begann noch einmal, den Drachen geistig zu kontaktieren. Mit meinen Gedanken sprach ich zu ihm.
„Bitte, lieber Drache, sag mir, wer du bist", und gleichzeitig, als Gegenleistung und um mit gutem Beispiel voranzugehen, öffnete ich mein Herz und meine Seele, um den Drachen in mich hineinblicken zu lassen.

Dies tat ich, weil ich wusste, dass keine Gefahr für mich bestand, sonst hätte es mir mein inneres magisches Wesen mitgeteilt.
Plötzlich spürte ich den gewaltigen Geist des Drachens und mir war, als hätte ich einen riesigen, mächtigen Raum betreten, in dessen Mitte ich stand.

Die Präsenz und der Raum waren der Drache selbst und er sprach zu mir und sagte, er sei der erste aller Drachen aller Welten und aus ihm seien alle Drachen entstanden.

So wurde mir bewusst, dass ich keinerlei Angst hatte, im Gegenteil, ich spürte in mir sehr wohlige Geborgenheit, Seelenwärme und Verständnis bis in jede Faser meines Seins. Ich spürte den Drachen und er mich. Ich war so zufrieden, dass ich gar nichts mehr fragen wollte.

Dieses Gefühl ersetzt jeden Gedanken in einem selbst, hier und in dieser Situation ist jeder Gedanke überflüssig, weil dieses Gefühl einfach ALLES IST!
Mein Inneres wusste durch dieses Gefühl, was mir der Drachengott gab, welche Kraft und welche Funktion er hat.

Er ist für alle Drachen da, immer und ewig, er beschützt sie und achtet darauf, dass es allen Drachen gut geht. Wenn sie Rat und Hilfe brauchen, dann kommen sie zu ihm, egal was ihnen am Herzen liegt oder wichtig ist. Er ist auch der Schöpfer aller Drachen.

Ich spürte auch, dass es sehr wenigen Menschen gelungen ist, mit ihm in Verbindung zu treten. Erstens, weil fast niemand von seiner Existenz weiß, zweitens, weil seine Existenz immer streng geheim gehalten worden ist.
Von ihm habe ich die Erlaubnis, über seine Existenz berichten zu dürfen, da er mir sagte, er möchte es so, weil jeder für sich selbst die freie Entscheidung treffen wird.

Denn es ist nun der Zeitpunkt gekommen, wo man selbst frei wählen kann, ob man mit den Drachen in Freundschaft und Liebe leben möchte. Denn die Drachen wollten schon immer mit uns Menschen in Freundschaft und Liebe leben.

Eine sehr gute Freundin, die eine Hexe und mit ihm in Verbindung getreten ist, erzählte, dass sie ihn ganz anders, in wunderschönem farbenfrohem Glanz gesehen und mit ihm gesprochen hat. Dies zeigt mir, dass der Drachengott seine Erscheinungsform anpasst, je nachdem, wie man selbst vom Wesen her ist. Fast vergaß ich zu berichten, was danach geschah.
Der Drachengott gab seine Kraft oder Energie in meine Brust hinein und ich wusste, er gab sie mir, um mir in Bezug auf die Drachen und mein weiteres Leben zu helfen.

Seitdem bin ich immer mit ihm verbunden und wenn ich an ihn denke, bin ich sofort bei ihm. Ich glaube, dass es bei jedem Drachen so ist, weil ich schon einige Male genauso Kraft von einem Drachen in mein Inneres hineinbekommen habe. Dadurch ist man mit dem Drachen noch viel stärker verbunden. Diese Kraft des Drachens bleibt immer und ewig in seinem Inneren manifestiert.

Der Drachenkönig

Der Drachenkönig wird auch Drachenvater oder Drachenherrscher genannt.
Der Drachenvater lebt auch in einer sehr riesigen Höhle mit vielen anhängenden Höhlen, einem Höhlensystem.
Zwei Drachenwächter bewachen den Eingang.
Möchte man eintreten, beäugen und durchleuchten die Drachenwächter einen sehr genau und tiefgründig.
Dann geht man durch einen Gang in den großen Höhlenraum, wo in der Mitte ein sehr prächtiger, großer, königlicher Stuhl steht, in dem der Drachenvater sitzt und sich riesig freut, dass man zu ihm kommt.

Dies ist wirklich die erste Niederschrift und Erzählung von mir als Hexenmagier und meinen Erlebnissen mit den höchsten Drachen.

Ich verbeuge mich immer vor den Drachenklauen des Drachenvaters und begrüße ihn mit den Worten: „Ich begrüße dich, mein Drachenvater!", worauf er mich zurückgrüßt mit den Worten: „Sei gegrüßt, mein Sohn."
Er legt mir immer seine Drachenklaue, an der ein großer, runder und sehr prunkvoller Goldring mit weißen Edelsteinen sitzt, auf meinen Kopf und streichelt mich.

Worauf ich durch seine Klaue schon so viel Liebe, Geborgenheit und Kraft spüre, was mir sehr gut tut und mich glücklich macht, weil ich mich so geborgen, beschützt und mit Hoffnung erfüllt fühle.
Dann fragt er mich meistens, wie es mir geht und was er für mich tun kann, und so spreche ich frei aus meinem Herzen heraus, weil ich weiß, mein Drachenvater versteht mich in allem, was mir wichtig ist, wie ich es sehe und wie ich bin.
Auch kann er in meinen Geist hineinschauen, wenn ich es so besser finde, da braucht man nicht alles erzählen, sondern der Drachenvater liest aus meinem Herzen.

Dann gibt er mir einen Rat oder sagt mir, was immer er mir sagen möchte, oder er ruft einen oder mehrere seiner Drachen herbei, die sich, sei es für mich selbst oder für jemand anderen, für den ich gebeten habe, der Sache annehmen.
Aus einem der vielen Drachengänge kommt dann ein Drache hervor und ich spüre und sehe auch, welcher Drache es ist.
Ich rede dann sofort mit dem Drachen, erzähle ihm mein Anliegen und je nachdem, wie viel Zeit es in Anspruch nehmen wird, macht sich der Drache sofort auf den Weg, stampft, fliegt oder kriecht davon. Danach bedanke ich mich bei meinem Drachenvater mit meinem ganzen Herzen und gehe wieder zurück durch den Drachengang hinaus, vorbei bei den zwei Wächtern und verabschie-

de mich. Draußen angekommen denke ich daran, wo mein Körper ist und kehre mit meinem Geist wieder in diesen zurück.

Der Kontakt mit den Drachen

Wenn man Kontakt mit einem Drachen herstellen möchte, sollte man sich im Klaren darüber sein, welchen Drachen genau man kontaktieren möchte. Darauf und wie man selbst von der Persönlichkeit her ist, kommt es in erster Linie an. Ob man ein Gefühlsmensch oder ein Materialist, ein Traum- oder ein Fantasiemensch usw. ist.
In zweiter Linie kommt es darauf an, mit welchen Absichten man einen Drachen rufen möchte.

Ich beschreibe später noch, welche einfachen Hilfsmittel man verwenden kann, um einen Drachen zu rufen.
Es geht aber mit der Zeit dann auch ohne materielle Hilfsmittel, nur mit seinem Geist, aber dies ist schon eine höhere Stufe.

Man sollte wissen: wenn man einen Drachen ruft, mit dem man noch nie Kontakt hatte, wird der Drache bis ganz tief hinein in sein Herz schauen.
Dies kann sehr unangenehm sein, weil man sich dabei seelisch nackt und durchleuchtet vorkommt.
Der Drache macht dies aber zum Eigenschutz, denn es gibt böse Wesen, aber auch Menschen, die einem Drachen schaden wollen.

Welcher Drache ist für mich am besten?

Um die Drachenmagie und ihre Praxis zu erlernen, wenn man noch nicht so viel Erfahrung mit Magie oder Hexen hat, sind die Magiedrachen am besten.
Sie haben alles Wissen in der Drachenmagie von allen Drachen allgemein.

Wenn man sich mit seinen Gefühlen wie Trauer, Angst, Kummer, Sorgen, Verletzungen seelischer Ursache usw. schwer tut, ist ein Wasserdrache sehr empfehlenswert.

Oder kann man sich nicht abgrenzen und hat auch ein schlechtes Gewissen dabei, nein zu sagen, fühlt sich oft verunsichert, hat zu wenig Mut und Selbstvertrauen, kann sich schwer in der Gesellschaft durchsetzen, fühlt sich unterdrückt, möchte etwas tun, kann aber nicht, usw., dann ist ein Feuerdrache ideal... Die anschließende Drachentabelle hilft, den richtigen Drachen auszuwählen.

≈ KAPITEL II ≈
DIE EINFACHE PRAXIS DER DRACHENMAGIE

An Anfang nehmen wir nur ein Siegel aus dem 36-Drachen-Siegel, legen es in ein neutrales Pentagramm und rufen den Drachen.

So lernen wir, den Drachen zu rufen, um uns selbst ein Bild davon machen zu können, wie das ist.

Die einzelnen Siegel sowie das neutrale Pentagramm kann man auf den letzten Seiten dieses Buches ausschneiden.

Die eigene Erfahrung durch die Praxis der Drachenmagie und ganz besonders der Kontakt und die Kommunikation mit dem Drachen haben sehr großen Wert für einen selbst.

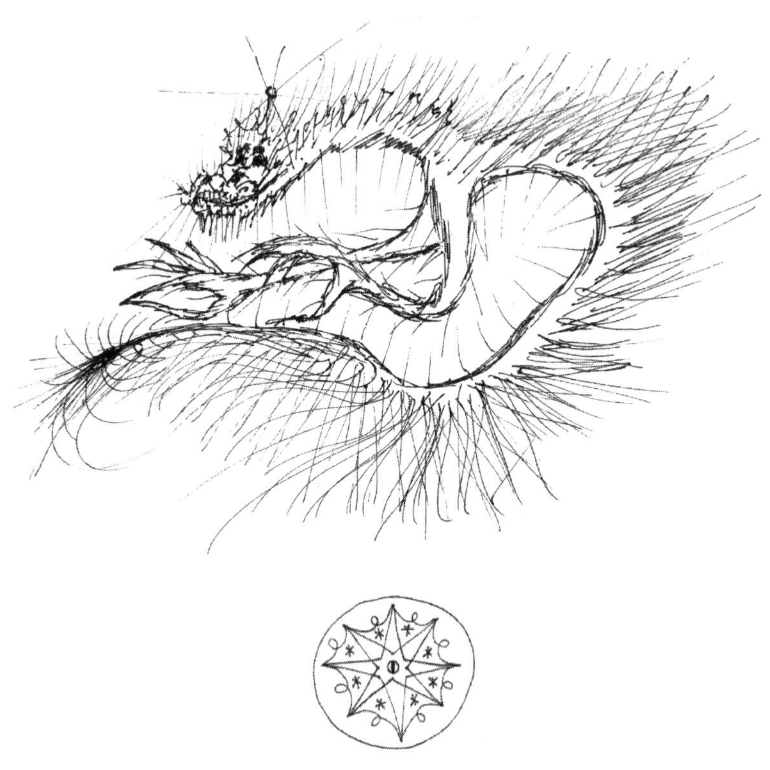

Rufe einen Drachen mit dem Siegel und Pentagramm

Es gibt nichts Einfacheres, als einen Drachen zu rufen, denn die Drachen sind höhere Wesen, die aus Drachenmagie bestehen, die wiederum eine ganz eigene Magie ist, die man nicht mit Worten um- oder beschreiben kann, weil diese sich mit unserem menschlichen Verstand nicht nachvollziehen lässt. Sie konnte nicht wissenschaftlich erforscht und bewiesen werden. Denn nur durch die Praxis mit den Drachen und den daraus entstandenen Erfahrungen entstehen das eigene Wissen und der Glaube.

Deshalb ist es wichtig, Drachen rufen zu können und es auch zu tun. Dies ist spielend leicht, denn das, was am allerwichtigsten ist, ist die Liebe und am Anfang das jeweilige Siegel der einzelnen Drachen.

Einfach alle einzelnen Siegel und das Pentagramm auf den letzten Seiten dieses Buches ausschneiden, das Pentagramm auflegen und in der Mitte das Siegel seines ausgewählten Drachens setzen.

Dann kann man auch in die Pentagrammspitzen Gegenstände hineinlegen, die zu dem Drachen passen, wie …

- Steine oder Moos (Erddrache),
- Teelichter (Feuerdrache oder Lichtdrache),
- Muscheln (Meeresdrachen),
- Wasserschüsseln (Wasserdrache),
- Gold (Golddrache),
- Silber (Silberdrache),
- Uhr (Zeitdrache),
- Kerzen mit einer bestimmten Farbe usw.

Es genügt aber auch nur das Siegel des Drachens und das Pentagramm, oder in der obersten Pentagrammspitze eine Kerze und ein Stein (welche Kerze und welcher Stein steht in der Drachentabelle), je nachdem, wie es einem besser gefällt und sympathischer ist. So wie man möchte und wie man sich leichter tut. Denn wenn man hineingelegte Gegenstände wie eine Kerze oder einen Stein sieht, tut man sich vielleicht leichter, sich auf den ausgewählten Drachen zu konzentrieren.

Mit Kerze und Stein aus der Drachentabelle oder …

NUR
DRACHENSIEGEL
UND
PENTAGRAMM

MIT
TEELICHTERN

MIT
KIESELSTEINEN

… so wie es einem am besten zusagt.

SAG ES GANZ EINFACH HERAUS
OHNE VIEL NACHZUDENKEN

Dann, wenn alles aufgestellt ist, hält man seine Handflächen über das Siegel des Drachens im Pentagramm und spricht mit seinen Gedanken oder mit seinen Worten:

„SIEGEL BESIEGELT - SIEGEL VERSIEGELT"

Dann hält man seine linke Hand auf sein Herz und ruft in seinen Gedanken oder mit Worten seinen ausgewählten Drachen.

Ohne Druck und ohne Stress, sondern ganz locker, ohne daran zu denken, wie man es richtig macht oder wie es vielleicht gehört.

Einfach den Kopf ausschalten und an den Drachen denken.
Seine Augen schließen oder auch nicht, je nachdem, wie jeder möchte, und an den Drachen denken, den man rufen möchte.
Man kann den Drachen sehen, aber auch spüren.
Wenn man ihn spürt, dann sind die Verbindung und der Kontakt da.

Es muss kein erlernter Text sein oder das hier Geschriebene, nein, es muss aus dem Herzen kommen, denn Worte, egal ob in Gedanken oder ausgesprochen, sind die Ausdrucksform der Gefühle des Herzens.
Wenn der Wunsch, die Sehnsucht und die Bitte aus dem inneren Herzen kommen, dann spürt es der Drache und da ist es egal, wie man es in Worten oder Gedanken formuliert.

Ich selbst zum Beispiel sage dann in meinen Gedanken einfach und frei heraus:

ICH (SEINEN EIGENEN NAMEN SPRECHEN),
BEI MEINEM HERZEN UND IN TIEFER FREUNDSCHAFT
ZU DEN DRACHEN.
BITTE KOMM ZU MIR!

Danach, wenn man den Drachen gerufen hat, soll man eine bestimmte Zeit an ihn denken, so lange, bis man den Drachen richtig spüren und erfühlen kann.

Der Drache wird persönlich beim ersten Kontakt kommen und tief in dein Herz hineinschauen, um deine wahren Absichten zu erkennen.
Dies kann sehr unangenehm sein, da man sich sozusagen seelisch nackt fühlt, wenn man so ganz offen durchleuchtet wird.

Doch ist dies eine Sicherheitsmaßnahme der Drachen, denn um in Freundschaft zusammenwachsen zu können, sind Vertrauen, Offenheit und Ehrlichkeit sehr wichtig.

Nur so entsteht ein wachsendes, gegenseitiges Vertrauen.

Dann spricht man einfach mit dem Drachen und stellt sich vor, egal ob mit Worten oder mit seinen Gedanken, und lernt sich erst einmal kennen und spüren …

DER DRACHENSCHWUR

Wenn man es wirklich sehr ernst nimmt, mit den Drachen befreundet zu sein und wünscht man sich nichts sehnlicher, kann man den Drachenschwur machen und so dem Drachen zeigen, dass man es von seinem inneren Herzen wirklich ernst damit meint, mit ihm befreundet zu sein.
Dieser Drachenschwur ist wie ein Eid und wirklich sehr ernst zu nehmen, da dieser Drachenschwur einen selbst an die Drachen bindet.
Einmal ausgesprochen bindet dieser für alle Zeit und man braucht ihn nie wieder zu sagen.
Denn hat man den Drachenschwur gemacht, wissen alle Drachen, die es gibt, dass man den Eid geschworen hat.
Bei diesem Drachenschwur geht es um Liebe, Achtung und wahre Freundschaft des Vertrauens.

Entschließt man sich, den Drachenschwur zu sagen, ruft man zuerst den auserwählten Drachen, dann hält man seine linke Handfläche auf sein Herz und die rechte Handfläche flach senkrecht nach vorne gerichtet, etwa 20 cm von der Brust entfernt, in gleicher Höhe wie die linke Hand, und spricht zu dem Drachen:

**ICH (DEN EIGENEN NAMEN SPRECHEN) ,
BEI MEINEM HERZEN UND IN TIEFER FREUNDSCHAFT
ZU DEN DRACHEN,
VERSPRECHE, DIE DRACHEN ZU EHREN,
ZU ACHTEN UND ZU WÜRDIGEN
IN FREIER LIEBE
AUF IMMER UND EWIG!**

Dann wird einem sicher warm werden und man fühlt sich gut, denn es ist der Drachenschwur der freien Liebe und aufrichtigen Ehre zu den Drachen.

Dann sollte man noch in sich verweilen, so dass der Drache diesen Drachenschwur in sich aufnehmen kann, und vielleicht möchte er ja auch etwas ganz Bestimmtes tun oder sagen.

Wenn der Zeitpunkt gekommen ist, sich zu verabschieden, von sich oder vom Drachen aus, kann man ganz natürlich sagen:

LIEBER DRACHE, VIELEN DANK FÜR DEIN KOMMEN, ICH VERABSCHIEDE MICH VON DIR UND FREUE MICH AUF UNSER WIEDERSEHEN!

Der Drache wird sich auch verabschieden, was man spürt, und man soll das Pentagramm und das Drachensiegel dort hingeben, wo man das Gefühl hat, dass es geschützt ist und es ihm an diesem Ort gut geht. Man kann es in einen schönen Stoff wickeln, in ein Kästchen oder neben dem Bett offen hinlegen oder in eine schöne Schachtel hineinlegen usw. Welchen Platz und Ort man eben für gut und richtig befindet.

Dem Drachen vertrauen

Drachen sind berühmt für Überraschungen und niemand kann sagen, welchen Weg sie gehen werden, um einem zu helfen.
Tatsache ist, dass sie einem immer helfen, das Wie und Wann wird man nie wissen, aber bemerken.
Denn ist man mit den Drachen einmal verbunden und befreundet, dann wird sich sein Leben sehr zum Guten verändern.
Ich selbst wundere mich oft wirklich jeden Tag und bin total erstaunt und verblüfft, wie sie so große Dinge und so vieles machen können, ohne dass man selbst etwas dazu tun muss.

Das Vertrauen ist total wichtig, doch kommt es mit der Zeit von ganz alleine. Auch Freundschaften entstehen ja auch ganz alleine mit der Zeit.

VERTRAUT MAN DEN DRACHEN, GIBT MAN IHNEN DEN SCHLÜSSEL DAFÜR, FREI HANDELN ZU KÖNNEN, DAMIT ES EINEM GUT GEHT!

Denn jeder befreundete Drache beschützt einen und kümmert sich darum, dass es einem gut geht. Er hilft einem durch seine eigene Entscheidungen und Taten, die der Drache für richtig befindet – deshalb ist es sehr wichtig, dem Drachen zu vertrauen.

HANDGESTE VON HOHEM RESPEKT UND ACHTUNG

Man kann den Drachen auch großen Respekt und seine Achtung zeigen, indem man bei Begrüßung, Verabschiedung oder Dank mit ausgestreckten Zeige-, Mittel- und Ringfinger der rechten oder linken Hand (Daumen und kleiner Finger weggestreckt) folgende Körperstellen in bestimmter Reihenfolge berührt:

1. **zur Stirnmitte** (zwischen den Augenbrauen)
2. **auf die Lippen**
3. **auf die Brustmitte** (Herzhöhe)
4. **Handfläche von der Brust nach vorne kippen** (eine Handschale machen)

Es ist eine Geste, die höchsten Respekt und Achtung vermittelt!

≈ KAPITEL III ≈
DAS GEHEIME 36-DRACHEN-SIEGEL DES HEXENMAGIERS

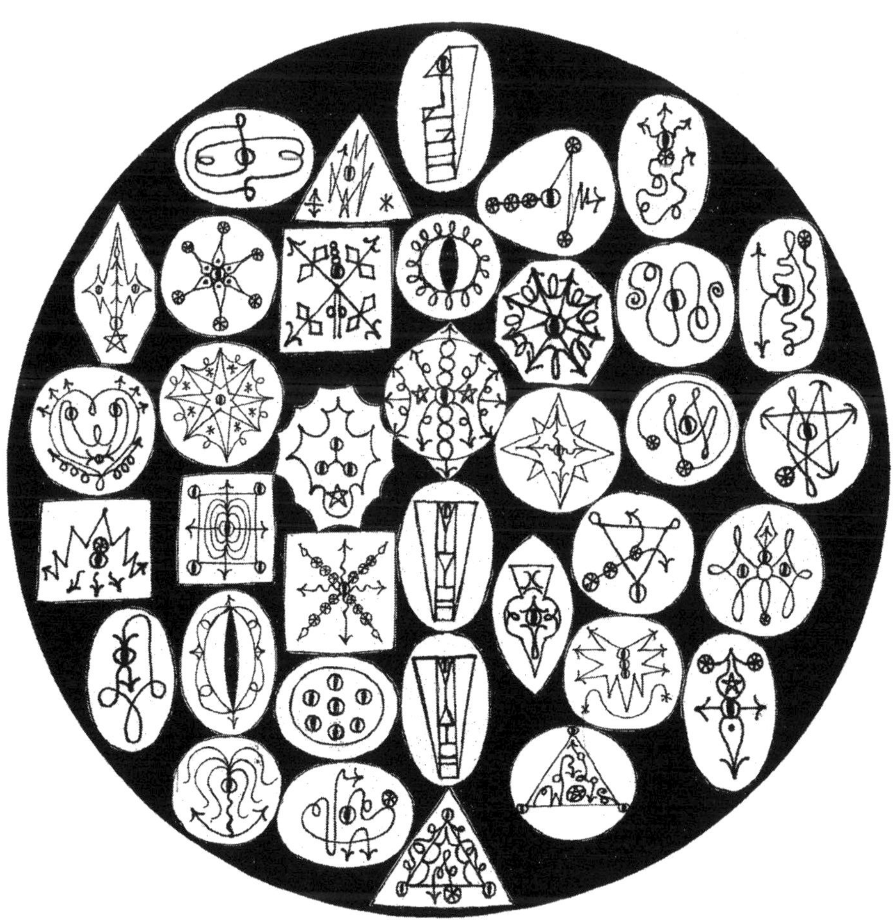

Das 36-Drachen-Siegel dient auch dazu, einen bestimmten oder mehrere Drachen oder eine bestimmte Drachenmagie zu rufen, für jede Lebenssituation oder jeden Lebensbereich.

Das 36-Drachen-Siegel wirkt aber durch seine Drachenmagiekräfte und den Drachengeist auch aus sich selbst heraus und kann vielseitig für alles eingesetzt werden.

Jedes einzelne Siegel stellt eine Verbindung zu seinem Drachen her und erleichtert beiden so die Kontaktaufnahme und Verbindung beider Welten.

Die einzelnen Siegel, die mit den Drachen von mir als Hexenmagier handgezeichnet wurden, sind vom Drachenvater (Drachenkönig) und der Drachenmutter (Drachenkönigin) mit ihrer ganz besonderen Drachenmagie beseelt und zu einem einzigen ganzen 36-Drachen-Siegel geformt worden.

Danach wurde das 36-Drachen-Siegel vom Drachengott persönlich in sich aufgenommen, besiegelt und versiegelt, in sich selbst.

Denn so wurde es an alle Drachen verkündet und in alle Drachenwelten weitergegeben.

Somit sind alle Drachen und ihre Drachenwelten mit dem 36-Drachen-Siegel verbunden.

Der Drachengott ist der Schöpfer aller Drachen, all ihrer Welten.

Jedes einzelne handgezeichnete Siegel besitzt Kraft der Drachenmagie und gemeinsam wurden sie zu einem einzigen Siegel, dem 36-Drachen-Siegel, geformt und sind per Hand, nicht mit einem Computerprogramm, gezeichnet worden.

Somit bleiben durch die Abbildung des handgezeichneten Originals die Drachenmagiekräfte im 36-Drachen-Siegel erhalten.

In der Drachentabelle wird jedes einzelne Siegel der Drachen und seine besonderen zugehörigen Drachenmagiekräfte beschrieben.

Drachentabelle der Drachen und die 36 Siegel der Drachen

Jeder Drache besteht aus seiner besonderen und ganz bestimmten Drachenmagie.
Jeder Drache ist mit dem Drachengeist und dem Drachengott verbunden.

Jedes dieser 36 Drachensiegel kann auch als Drachen-Siegel-Lederamulett (siehe Kapitel: Das 36-Drachen-Siegel-Lederamulett) selbst gefertigt werden (auf den letzten Seiten des Buches zum Kopieren und Ausschneiden) und wirkt so durch seine ganz spezielle Drachenmagie wie folgt beschrieben.

Als Warnung sollte man wissen, dass der Drachengott jeden einzelnen Drachen seiner allumfassenden Drachenkinder beschützt und sofort spürt, wenn etwas oder jemand einem Drachen Schaden zuzufügen beabsichtigt, der Drachengott gibt dann allen Drachen unverzüglich den Befehl zu handeln.

Die Drachenaugen des Drachengeistes in den 36-Drachen-Siegeln dienen zusätzlich zum Schutz vor Missbrauch und allem Bösen.

Der Feuerdrache und sein Siegel

Drachenmagie: Gibt Geborgenheit und Wärme, er ist aber auch zerstörerisch, wenn man Feinde hat, und gibt Mut, Kraft und Stärke.
Er gibt auch Selbstvertrauen, inneren Glauben an sich selbst, Selbstwertgefühl.
Er kann Eis und Kälte vertreiben und er gibt magische Energien und Kräfte sowie Durchhaltevermögen und Ausdauer.
Er ist ein mächtiger Gefährte und Beschützer.
Er hilft auch, wenn einem etwas am Herzen liegt oder man ein Problem hat, es auszusprechen. Hilft bei Sexualität, Feuer und Antrieb der körperlichen Lust wieder zu entfachen.
Erschaffung von magischen Feuerbällen, Feuersäulen, magischen Feuerwaffen, verzehrenden Feuerwänden, Feuerpeitschen, Feuerpfeilen und Feuerrüstungen sowie magisches Feuerpentagramm usw.
Als Drachen-Siegel-Lederamulett getragen oder zu Hause an die Wand gehängt, bewirkt es auch angenehme Wärme an kalten Wintertagen.

Stein: Karneol oder roter Achat
Kerzenfarbe: Dunkelrot

Das Siegel der Feuerdrachen

Der Wasserdrache und sein Siegel

Drachenmagie: Der Wasserdrache hilft, wenn man zu starke Gefühle der Aufregung, Wut oder Zorn hat.
Auch gibt er Abkühlung und Erfrischung bei starker Hitze.
Er hilft, wenn man sich alleine fühlt, indem er Trost, Verständnis und Mitgefühl zeigt.
Auch wenn man zu sehr Materialist ist und sich schwer tut, sich seinen eigenen Gefühlen zu öffnen.
Er gibt auch Mutterliebe und hilft, neue Freunde zu finden.
Das Bedürfnis nach Bewegung und Spaß und Freude am Leben zu haben unterstützt der Wasserdrache auch.
Sich lebendig zu fühlen, magischen Gegenständen Leben einzuhauchen.
Der Wasserdrache reinigt auch Energien und klärt sie.

Stein: Aquamarin
Kerzenfarbe: Blau

Das Siegel der Wasserdrachen

Der Erddrache und sein Siegel

Drachenmagie: Auf den Boden zurückkommen oder am Boden bleiben, hilft bei zu vielem Nachdenken. Stabilität, Sexualität, Selbstvertrauen, innere Ruhe, bringt Ordnung in alles hinein. Eines nach dem anderen – Schritt für Schritt, in Ruhe die richtige Vorgehensweise überlegen zu können, sich nicht in Stress oder unter Druck bringen zu lassen. Abgrenzungen schaffen, auch geistig, wenn man zu viel spürt, egal ob Energie oder Geist, fixe und feste Formgebung, dass es auch so bleibt. Standfestigkeit, seine innere Säule zu festigen, starke Konzentration erreichen.

Stein: Kieselstein oder anderer Stein, den man im Wald findet
Kerzenfarbe: Braun

Das Siegel der Erddrachen

Der Luftdrache und sein Siegel

Drachenmagie: Geistige Energie, Kraft und Stärke, Ideen, Inspiration, Glaube, Vertrauen,
Unternehmungslust, Verstand, Kreativität, Lebenswillen, Ausgleich von Aktivität und Passivität, durchatmen können, sich neue Ziele setzen können, Freude und Frohsinn einfach nur genießen können, ohne viel nachdenken zu müssen, schnell zu sein und Geschwindigkeit sowie Hindernisse überwinden zu können, geistig zu schweben und zu fliegen, Ausgleich von Wasser- und Feuerkräften.

Stein: Türkis
Kerzenfarbe: Hellblau

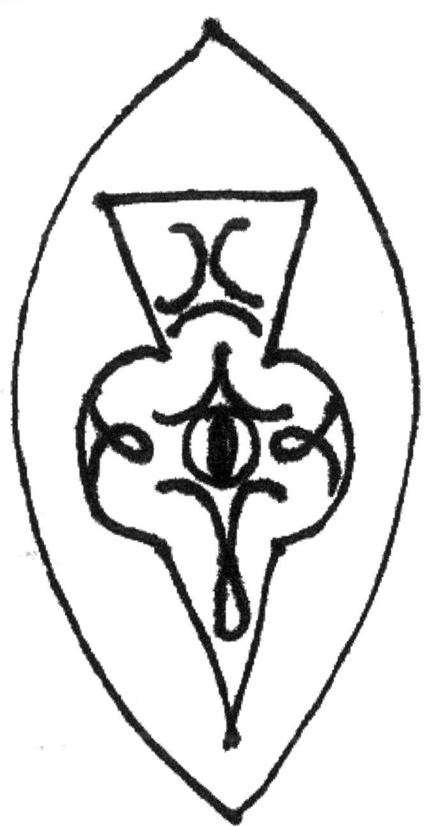

Das Siegel der Luftdrachen

Der Lichtdrache und sein Siegel

Drachenmagie: Erschaffung von Formen und Energie und neuen inspirierenden Gedanken, Lehre der Lichtdrachenmagie, Erschaffung weißer Lichtwaffen im Kampf gegen dunkle, böswillige Wesenheiten – wie Lichtschwert oder Lichtrüstung und Lichtschild zum Schutz; Beginn von etwas Neuem oder neuer Lebensabschnitt, spirituelle Entwicklung seiner Entwicklungsstufe. Führendes Licht aus dunklen geistigen Irrwegen.

Stein: Bergkristall
Kerzenfarbe: Weiß

Das Siegel der Lichtdrachen

Der Schwarzdrache und sein Siegel

Drachenmagie: Umbruch und Ausbruch, wenn man sich im Kreis bewegt und immer gleiche Wiederholungen hat. Hilft bei Schicksalsschlägen und bewahrt vor schlechtem Schicksal oder Unfällen bei Flüchen, lehrt die Finsternisdrachenmagie und ist ein sehr zurückgezogener, treuer Freund. Seelische und geistige Ruhefindung, wenn einem einmal alles zu viel wird, Schutz im Schlaf und gibt ruhigen, tiefen Schlaf, auch mit sehr interessanten und außergewöhnlichen Träumen, die ganz eigen sind, mit zusätzlichen geheimen Botschaften im Traum, die einem weiterhelfen. Der Beste bei Schutz und Abwehr und Verteidigung sowie Auflösung bei schwarzmagischen Angriffen und Kräften sowie böser, schwarzer Wesenheiten wie Parasiten, Energieräubern oder Seelensaugern etc., Auflösung von schlechter Energie aus früheren Leben, Auflösung von Flüchen, schwarzes Loch zur Auflösung oder Vernichtung erschaffen, Aufladung von magischen Waffen gegen alles Böse, Amulettaufladung zum Schutz, zur Abwehr, zur Verteidigung, zum Angriff und Gegenangriff.

Stein: schwarzer Obsidian
Kerzenfarbe: Schwarz

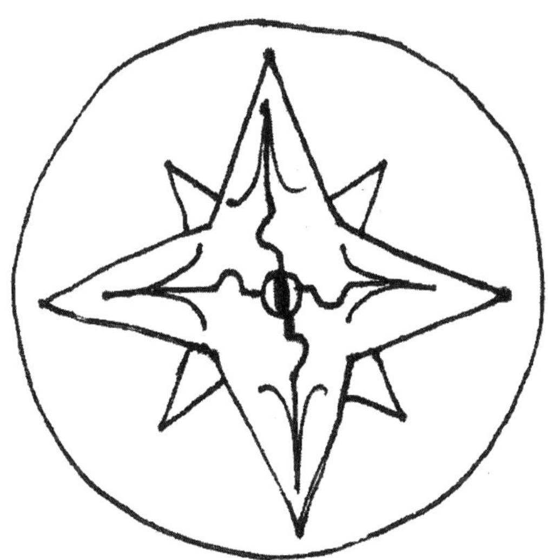

Das Siegel der Schwarzdrachen

Der Wächterdrache und sein Siegel

Drachenmagie: Der Wächterdrache wacht über einen, über seine Persönlichkeit und über sein Leben, er schützt auch und bringt einem vieles bei.
Wächterdrachen werden meistens von anderen Drachen zugeteilt, um sich um seine persönlichen oder magischen Entwicklungen und Fortschritte zu kümmern.
Der Wächterdrache und seine Drachenmagie beschützen auch, damit man von seinem persönlichen Entwicklungsweg nicht abkommt.
Sie leben sehr gerne bei einem zu Hause und man kann sie sehr gerne als Weggefährten oder Wegbegleiter ansehen. Ein Wächterdrache steht immer in Verbindung mit ganz besonderen Drachen und begleitet einen oft sein ganzes Leben lang in tiefer Freundschaft.

Stein: echter Türkis (kein gefärbter Howlith) oder Bernstein
Kerzenfarbe: Türkis oder Gelb

Das Siegel der Wächterdrachen

Der Schutzdrache und sein Siegel

Drachenmagie: Der Schutzdrache und seine Drachenmagie geben Schutz für alles, vor Unfällen oder Dieben, Mobbing oder Belästigungen, Attacken in jeder Form, schadhafter Energie oder Materie, die einem im alltäglichen Leben Schaden zufügen kann oder will, auch Schutz vor magischen Angriffen, schwarzen Flüchen, schadhafter Magie und bösen Wesen, egal welcher Art und Herkunft.
Der Schutzdrache und seine Drachenmagie beschützen einen immer und überall und können auch gerufen und eingesetzt werden, um jemand anderen zu schützen. Erzeugt ein riesiges Schutzkraftfeld, blockt ab und verteidigt.

Stein: Roter Jaspis oder Bergkristall
Kerzenfarbe: sattes Rot oder Weiß

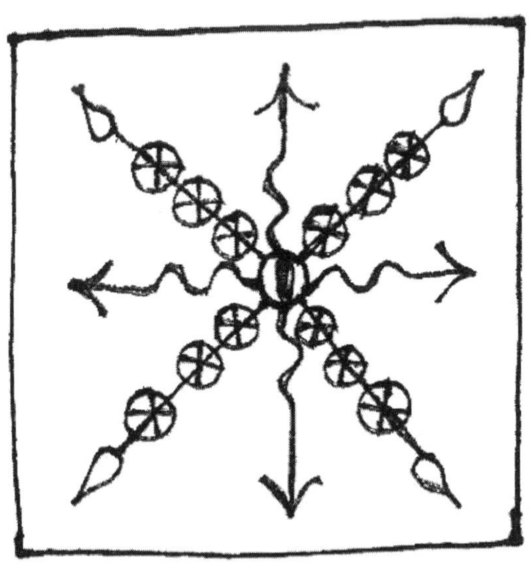

Das Siegel der Schutzdrachen

Der Sonnendrache und sein Siegel

Drachenmagie: Der Sonnendrache ist der absolute Gesundheitsdrache oder Harmoniedrache für Körper, Geist und Seele!
Ihn kann man rufen, wenn man wieder Einklang und Harmonie in jeder Zelle und Faser seines Seins haben möchte, um Körper, Geist und Seele wieder in Einklang zu bringen, Aufladung von Harmonieamulett, Aufladung von Sonnenstab u.v.m.

Stein: Orangencalcit oder Goldfluss
Kerzenfarbe: Orange

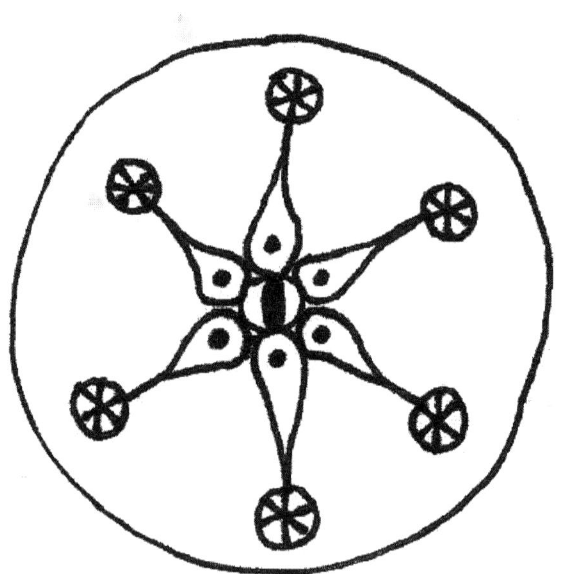

Das Siegel der Sonnendrachen

Der Monddrache und sein Siegel

Drachenmagie: Schutz in Form eines Schutzschildes, magische Schutzschirme, fürsorgliche Geborgenheit und Liebe, Ausgleich des Wassers, Gefühle bereinigen, magische Waffen des Schutzes, Aufladung von magischen Gegenständen, die Schutz geben, spirituelle und mediale Kräfte und Fähigkeiten sowie Feinfühligkeit, Schutzschirme erschaffen, Schutzzauber, Aufladung von Schutzamulett und Zauberstab mit magischen Kräften.

Stein: Mondstein
Kerzenfarbe: Weiß

Das Siegel der Monddrachen

Der Merkurdrache und sein Siegel

Drachenmagie: Unterstützung bei Geschäften, richtige Denk- und Vorgehensweise bei Geschäften, Geldproblemen, finanzielle Probleme und Gewinn, gerichtliche Probleme.
Aufladung von magischen Gegenständen, die Geld und Reichtum bringen sollen, gibt Kraft und Stärke im Geschäftsleben, neutrales Kopfdenken, gute Überlegung, schrittweises Vorgehen, Genauigkeit, Präzision, Ruhm und Ehre u.v.m.

Stein: Goldtopas
Kerzenfarbe: Gold

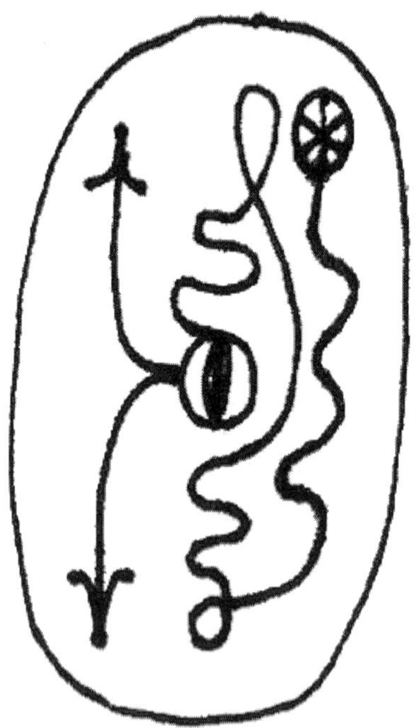

Das Siegel der Merkurdrachen

Der Marsdrache und sein Siegel

Drachenmagie: Männliche Kräfte und Stärke, sich durchsetzen können, sich nichts gefallen lassen, Männlichkeit, Wildheit, Energie und Power, Muskelkraft, magische Kampfwaffen sowie magische Kampfrüstung erschaffen, magischer Kampfgeist, magische Energien und Power, Durchbrechen, Aggressionen abbauen und annehmen können.

Stein: roter Jaspis
Kerzenfarbe: Rot

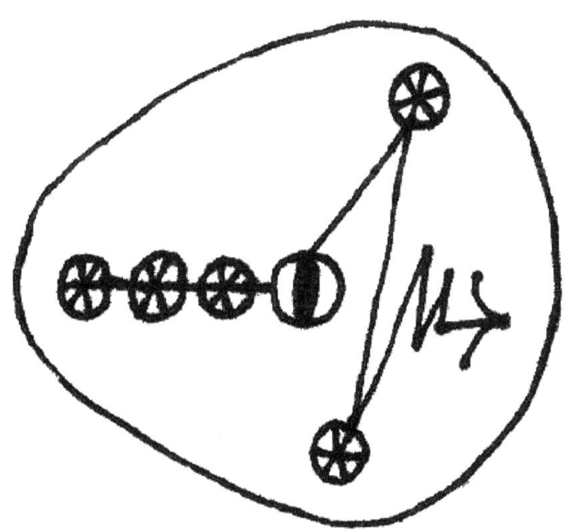

Das Siegel des Marsdrachen

Der Jupiterdrache und sein Siegel

Drachenmagie: Beruf und Erfolg, beruflicher Weg, Beförderung, Ansehen, etwas zu sagen haben, magische Freunde gewinnen, geschäftliches Auftreten, magische Herrscherkräfte, Urteilsvermögen, gerechtes magisches Handeln, Gerechtigkeit und Ausgleich, magische Kampfkünste ausarbeiten, magisches Wissen, Erkenntnisse und Erfahrungen.
Umsetzung der Magie in die Materie, Aufladung von Kampfamulett. Ausbildung sowie helfende Unterstützung bei Jobsuche und Jobzusage u.v.m.

Stein: Malachit
Kerzenfarbe: Dunkelgrün

Das Siegel der Jupiterdrachen

Der Saturndrache und sein Siegel

Drachenmagie: Abgrenzung durch Saturndrachenmagie, nein sagen können, sich Zeit nehmen können für sich selbst, Abstand gewinnen, Pause machen können, Auflösung egal welcher Art von Magie, zerstörerische magische Kräfte haben, Zaubersprüche der Auflösung und Zerstörung, zurückziehen in seine magische Welt, magische Fallen erschaffen, schwarzes Loch zum Auflösen erschaffen, Aufladung von Schwarzem-Loch-Amulett.

Stein: Onyx
Kerzenfarbe: Schwarz

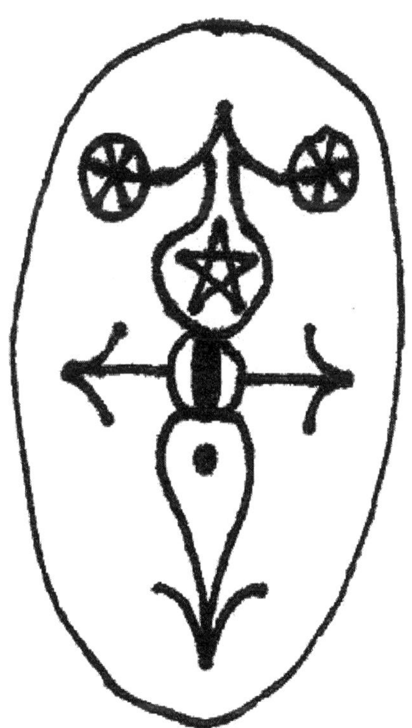

Das Siegel der Saturndrachen

Der Venusdrache und sein Siegel

Drachenmagie: Richtige Entscheidungen treffen können, viele Möglichkeiten sehen können, Hinterfragungen und richtige Antworten finden können, Partnerfindung, den richtigen Partner für sich selbst und andere finden und erkennen, magische Erkennung, Illusionen und Visionen erkennen, magische Zielstrebigkeit, magische Überlegungskräfte, magische Liebeskräfte, magische Verbindungskräfte der Herzen, Aufladung von Liebesamuletten.

Stein: Rosenquarz
Kerzenfarbe: Rosa

Das Siegel der Venusdrachen

Der Sterndrache und sein Siegel

Drachenmagie: Der Sterndrache hilft bei jeder Art von Problemen. Die Sterndrachenmagie kann man nicht mit Worten beschreiben oder in Worte fassen, man kann sie nur spüren und fühlen, denn sie ist etwas ganz Eigenes. Den Sterndrachen rufen und ihm sagen, was einem am Herzen liegt.

Stein: Diamant
Kerzenfarbe: Silber

Das Siegel der Sterndrachen

Der Liebesdrache und sein Siegel

Drachenmagie: Wenn man den Traumpartner für sein Leben finden möchte, den richtigen Partner erkennen können, die bestehende Beziehung wieder in Liebe aufblühen lassen wollen, Liebesmagie ausüben, sein Herz wieder öffnen können, die Liebe zu sich selbst wiedergewinnen, Hilfe bei Liebesschmerz und Liebeskummer, klarer Blick und klare Erkennung bei blinder Liebe usw.

Stein: Rosenquarz oder Smaragd
Kerzenfarbe: Rosa oder Hellgrün

Das Siegel der Liebesdrachen

Der Kriegerdrache und sein Siegel

Drachenmagie: Den Drachen rufen, wenn der Kriegerdrache in den Kampf für einen ziehen soll, Mobbing, spitze Schlangenzungen, die über einen reden, wenn man auf menschlicher oder magischer Ebene angegriffen wird, wenn jemand oder etwas einem Schaden zufügen möchte oder man angegriffen wird; der Kriegerdrache lehrt die Erschaffung magischer Kampfwaffen, magischer Kampfrüstungen und die magischen Kampfkünste, magische Fallen erschaffen u.v.m.

Stein: Schwarzer Achat oder Tigerauge
Kerzenfarbe: Dunkelbraun

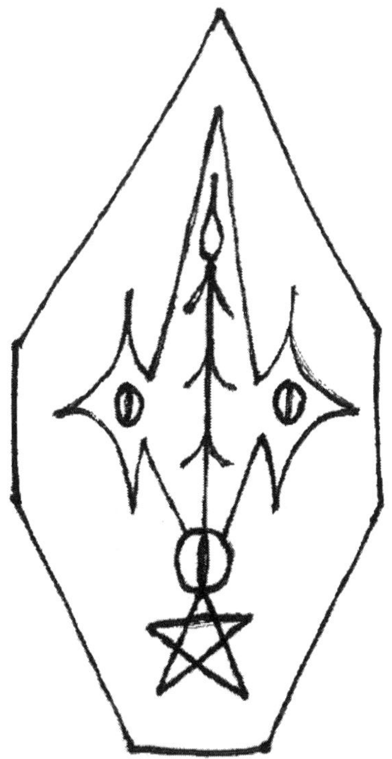

Das Siegel der Kriegerdrachen

Der Steindrache und sein Siegel

Drachenmagie: Der Steindrache lehrt die Aktivierung, Ladung und das Einsetzen der Steine sowie die Verwandlung in Steingestalt von Gegenständen sowie von Feinden. Spüren der Energien, Kräfte und Fähigkeiten der Steine, geistiges Eintauchen in den Stein, Verschmelzung des Steines mit einem magischen Objekt. Durchdringen eines Felsensteines, Stein als Verbindung zu seinem Herkunftsort verwenden. Übertragung und Ladung der Drachenmagie in den Stein und Erweckung der Wesen von Steinen u.v.m.

Stein: Granit oder jeder beliebige Naturstein, den man findet
Kerzenfarbe: Grau

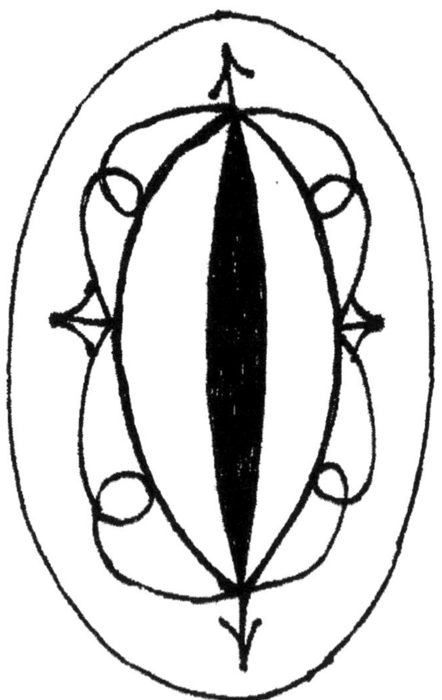

Das Siegel der Steindrachen

Der Bergdrache und sein Siegel

Drachenmagie: Kräfte des Berges rufen, in einen Berg geistig und energetisch hineingehen können, geistig Drachenhöhlen spüren können, Bergkräfte der Stärke in sich aufnehmen, innere Festigung und Stabilität haben, magischen Feuerangriffen widerstehen und sie blockieren können, Immunität gegen Feuermagie, kühlende Kräfte bei magischen Flammensäulen, geistige Stabilität bekommen, Geheimnisse bewahren können u.v.m.

Stein: Kieselstein oder Kupfer
Kerzenfarbe: Dunkelbraun

Das Siegel der Bergdrachen

Der Vulkandrache und sein Siegel

Drachenmagie: Der Vulkandrache gibt innere Wärme und wärmende Geborgenheit. Er liebt Berührungen und Zärtlichkeiten, magische Kräfte zu verdichten und an einen bestimmten gezielten Platz oder Ort zu fixieren, wenn man nicht einschlafen kann. Innere Beruhigung und Entspannung. Der Vulkandrache ist ein sehr guter Ratgeber: Verständnis für sich selbst haben können, Verständnis der eigenen inneren Intuition, Akzeptieren seines inneren wilden Tieres, animalische Instinkte fördern, Freundschafts- und Gemeinschaftsgefühl entwickeln und fördern können u.v.m.

Stein: Lavagestein
Kerzenfarbe: Dunkles Orange oder Rotbraun

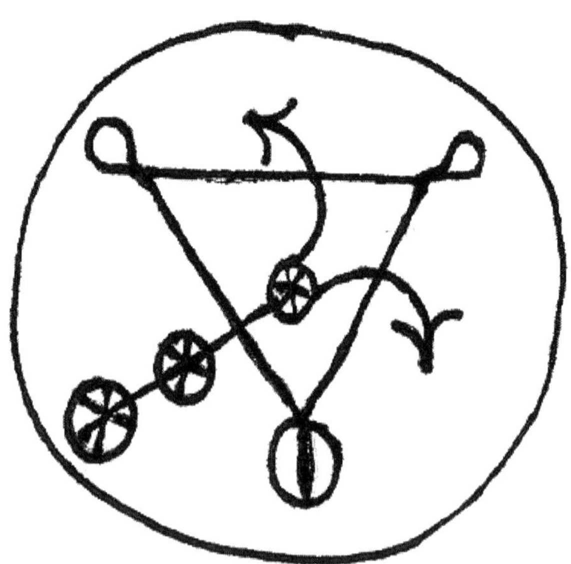

Das Siegel der Vulkandrachen

Der Eisdrache und sein Siegel

Drachenmagie: Kühlung bei Hitze und bei erhitzten Körperstellen, magisches Einfrieren und Stillstand bewirken, Zeitstillstand bewirken, etwas verlangsamen, magische Feinde einfrieren, magische Eiswände erschaffen, die bei Berührung zu Eis erstarren lassen, magisches Eisschwert erschaffen können, Eisfestung erschaffen können, magische Eiskristalle erschaffen können, die einfrieren oder erstarren lassen u.v.m.
Als Drachen-Siegel-Lederamulett getragen oder zu Hause an die Wand gehängt, bewirkt es auch angenehme Abkühlung an heißen Sommertagen.

Stein: Blauer Kristall, Kristallglas oder Glas – natürlich oder zu einem Kristall geschliffen
Kerzenfarbe: Eisblau

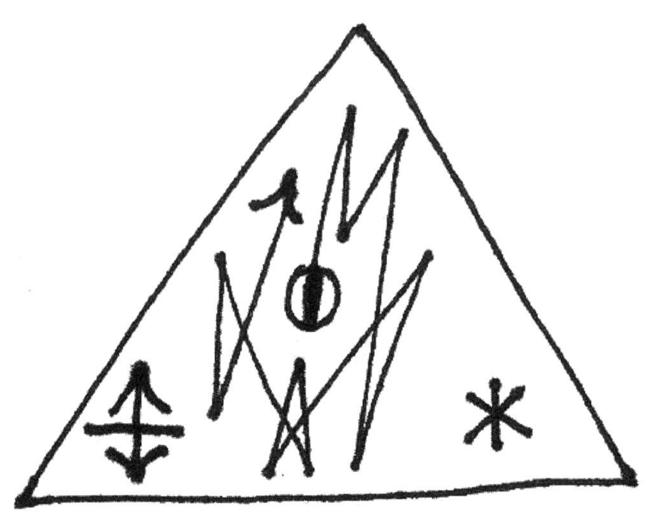

Das Siegel der Eisdrachen

Der Meeresdrache und sein Siegel

Drachenmagie: Der Meeresdrache lehrt die Leichtigkeit und die Freuden des Lebens, leben und genießen zu können.
Bewegungskräfte der Wendigkeit, Anpassungsfähigkeit, Formen und Formgebung, Energien oder Kräfte in sich aufnehmen und fruchten lassen können.
Verbindung und Nahrung der Seele herstellen können, zu seiner eigenen Seele oder zur Seele eines anderen. Wiedergeburt und Auferstehung, egal welche Richtung und Ebene.
Verbindung zum Urvertrauen wiedergewinnen. Magische Barrieren überwinden und zu Fall bringen.

Stein: Amazonit
Kerzenfarbe: Wasserblau oder Hellblau

Das Siegel der Meeresdrachen

Der Traumdrache und sein Siegel

Drachenmagie: Schöne und helfende Träume mit Botschaften haben, guter und sicherer Schlaf, Erkennen der Ursachen von Problemen in den Träumen, Träume deuten können, sich in seinen Träumen als Träumender bewusst sein und seinen Traum beeinflussen können.
Der Traumdrache ist auch gleichzeitig ein Traumorakel, welcher in seinen Träumen Botschaften schenkt, u.v.m.

Stein: Fluorit oder Dalmatinerjaspis
Kerzenfarbe: Violett

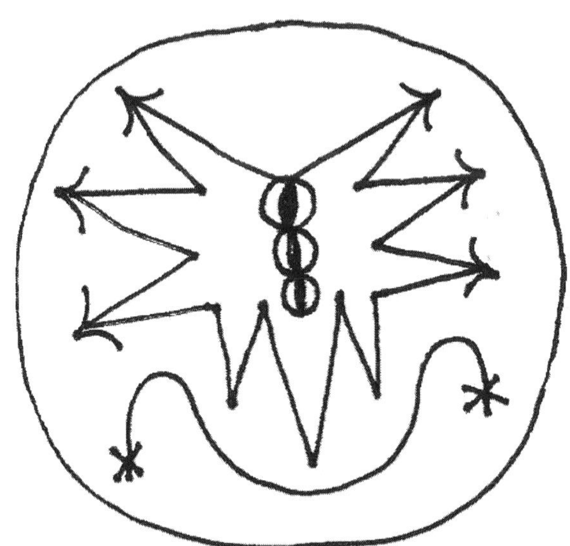

Das Siegel der Traumdrachen

Der Kuscheldrache und sein Siegel

Drachenmagie: Der Kuscheldrache schmiegt sich gerne an einen an und spendet Trost, Mut, Selbstvertrauen, wenn man sich alleine fühlt.
Er hilft bei Trennungen und Liebeskummer und ist immer, in allen Lebens- und Magiebereichen, Balsam für die Seele.
Der Kuscheldrache hilft bei seelischen Wunden aus der Vergangenheit, macht einen seelisch stark und hilft zu vergessen. Er gibt großes Verständnis und lehrt zum Selbstverständnis. Er lehrt uns auch magische Berührungen und die magischen Künste der Verführung. Seine Drachenmagie reicht in viele Ebenen mit großem Einfluss.

Stein: Chrysopras
Kerzenfarbe: Helles Grün

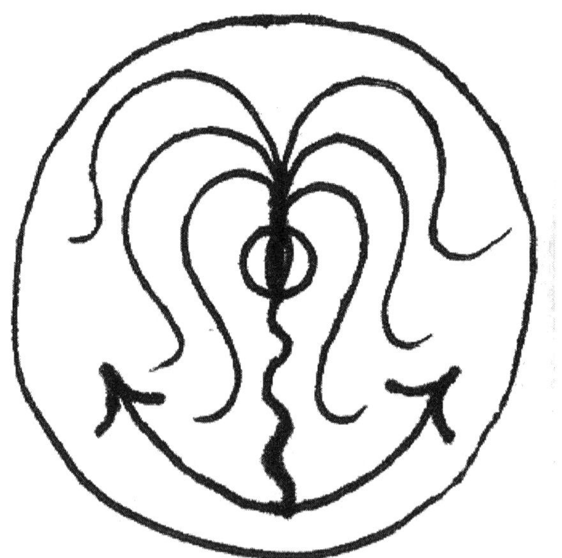

Das Siegel der Kuscheldrachen

Der Golddrache und sein Siegel

Drachenmagie: Der Golddrache ist ein Meister der Schätze und verhilft zu Reichtum und Ruhm, Ansehen und Anerkennung sowie Beliebtheit. Seine Drachenmagie zieht Geld und Reichtum förmlich an. Er gibt große Unterstützung bei Geldsorgen und Geldproblemen.
Der Golddrache und seine Drachenmagie wachen auch über die Schätze, die man besitzt, damit sie nicht abhandenkommen, verloren gehen oder sie sich jemand Unbefugter aneignet. Er beschützt Geld und Besitztümer und sorgt dafür, dass sie sich vermehren. Der Golddrache liebt Gold und alle Edelsteine sowie deren geformten Schmuck, bewahrt und beschützt diesen für seinen Besitzer u.v.m.

Stein: Goldtopas
Kerzenfarbe: Gold

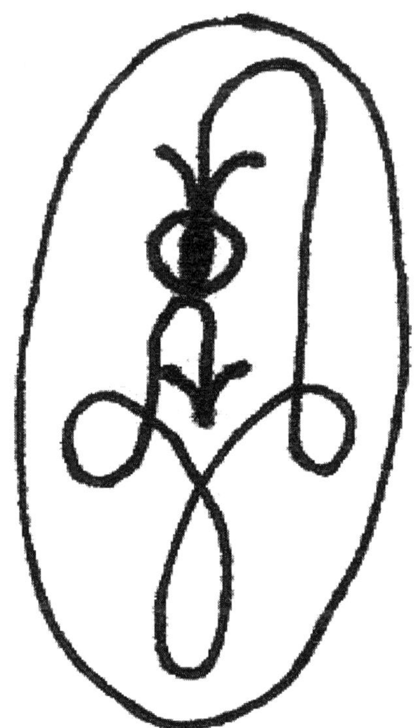

Das Siegel der Golddrachen

Der Silberdrache und sein Siegel

Drachenmagie: Der Silberdrache wird auch Regenbogendrache genannt, weil er durch sein Metall des Silbers alle Farben im Glanz der Sonne widerspiegelt. Seine Drachenmagie bringt alle Farben bzw. Schwingungen zusammen und vereint sie, dadurch finden eine große Ausbalancierung sowie ein harmonischer Ausgleich in allen Lebens- und Magiebereichen statt. Egal wo etwas zu viel oder zu wenig ist, seine Silberdrachenmagie gleicht das aus.
Der Silberdrache und seine Magie sind auch große Beschützer und Vernichter alles Bösen, weil sie nicht nur das Böse absorbieren, sondern auch in sich auflösen können, wogegen sich alles Böse sehr wehren wird, u.v.m.

Stein: Silbertopas
Kerzenfarbe: Silber

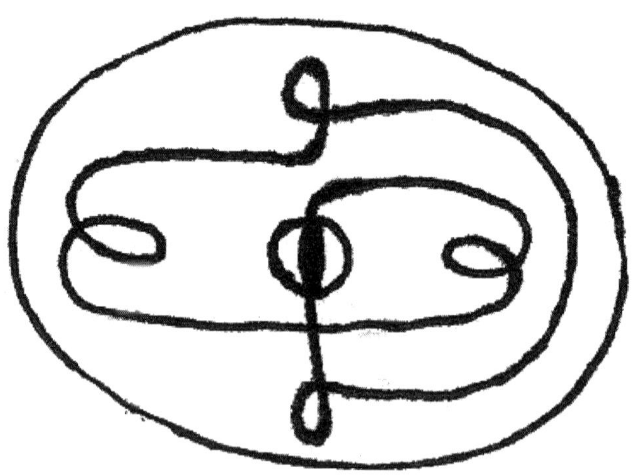

Das Siegel der Silberdrachen

Der Metalldrache und sein Siegel

Drachenmagie: Kräfte und Wirkung eines Metalls aktivieren und magisch beeinflussen können.
Amulette oder magische Gegenstände sowie magische Waffen, Rüstungen und Schilde aus Metall mit Drachenmagie herstellen und beeinflussen können.
Verformung und Elastizität sowie Biegsamkeit und Härte in allen Lebens- und Magiebereichen. Magische Schlösser öffnen sowie magische Schlüssel erschaffen u.v.m.

Stein: Hämatit und Blutstein sowie Eisenstein
Kerzenfarbe: Grau

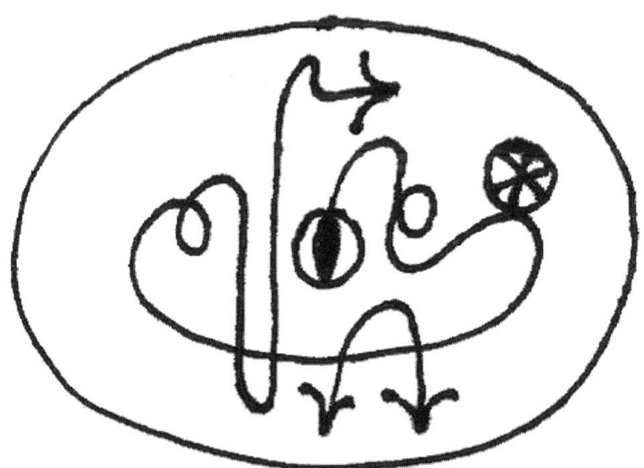

Das Siegel der Metalldrachen

Der Glücksdrache und sein Siegel

Drachenmagie: Der Glücksdrache hilft, in allen Lebens- sowie Magiebereichen Glück zu haben.
Man kann den Glücksdrachen auch bitten, jemand anderem Glück zu wünschen oder zu bringen. Glück bedeutet, dass sich alles zum Guten wendet.
Der Glücksdrache kennt eigene Wege, um zu helfen und mit seiner besonderen Drachenmagie zu unterstützen. Der Glücksdrache steht sehr eng in Verbindung mit dem Schicksalsdrachen.

Stein: Bernstein und Chrysokoll
Kerzenfarbe: Petrol

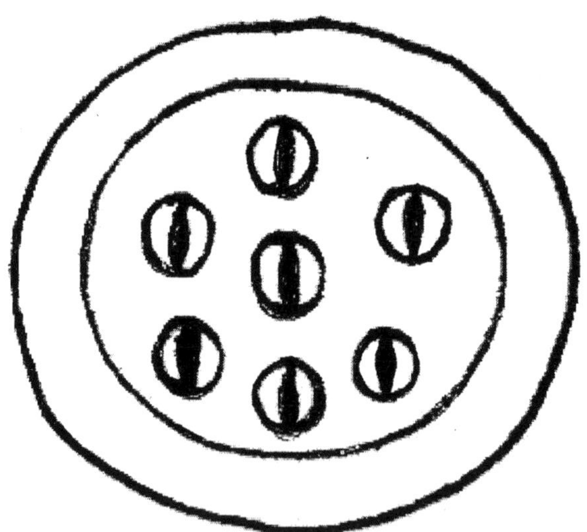

Das Siegel der Glücksdrachen

Der Schicksalsdrache und sein Siegel

Drachenmagie: Abwehr von und Schutz vor schlechtem oder bösem Schicksal, schlechtes Schicksal wieder gutmachen und bereinigen können, frühere Leben verarbeiten können, Verbindung zu früheren Leben herstellen können, Zusammenhänge seiner persönlichen Entwicklung erkennen und verstehen können, Selbstverantwortung lernen und übernehmen können,
Der Schicksalsdrache ist ein guter Ratgeber u.v.m.

Stein: Brekzienjaspis
Kerzenfarbe: Dunkles Rot

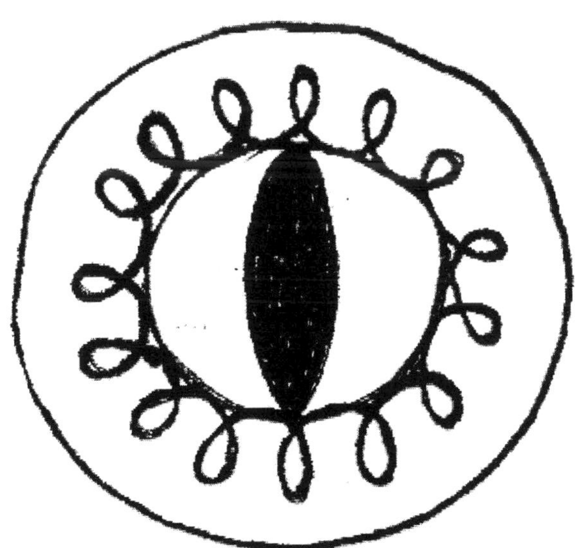

Das Siegel der Schicksalsdrachen

Der Zeitdrache und sein Siegel

Drachenmagie: Der Zeitdrache hilft uns, Verständnis und Geduld aufbringen zu können, für sich selbst und andere, dass alles seine Zeit braucht.
Die Drachenmagie des Zeitdrachen kann verwendet werden, um in die Gegenwart oder Zukunft blicken zu können, oder für die Herstellung eines so genannten Hellseher-Amulettes, mit dem man in beliebige Zeiten reisen oder blicken kann. Der Zeitdrache bestimmt aber immer, ob diese Zeitreise oder dieser Zeitblick gerechtfertigt ist, und ob man für dieser Stufe geeignet und berechtigt ist, um keinen Schaden bzw. keine Manipulation in der Zeit verursachen zu können.
Die Zeitdrachenmagie hilft auch, Vergangenes aufarbeiten zu können, auch von früheren Leben, oder aber auch die Zeit, in der man sich gerade befindet, schneller oder langsamer laufen zu lassen, ja, sogar für bestimmte Zeit diese gänzlich anzuhalten. Es empfiehlt sich auf jeden Fall, den Zeitdrachen zu Rate ziehen oder zusammen magisch in der Zeit tätig zu sein. Auch bei Arbeiten mit Zeittoren, -türen, -dimensionen, -spalten usw. ist der Zeitdrache ein sehr wichtiger Beschützer.

Stein: Malachit
Kerzenfarbe: Dunkles Grün

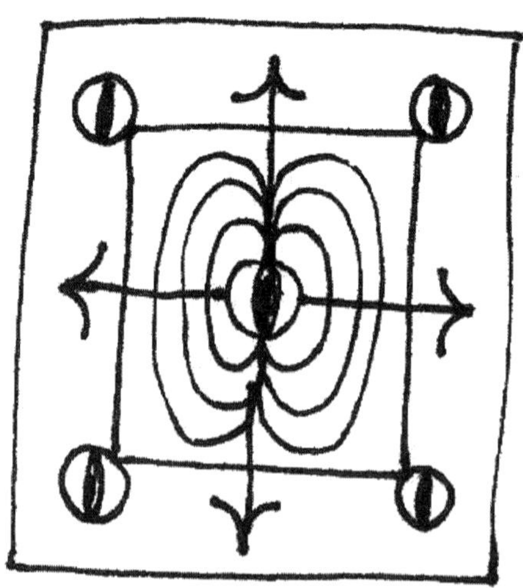

Das Siegel der Zeitdrachen

Der Illusionsdrache und sein Siegel

Drachenmagie: Die Drachenmagie des Illusionsdrachen hilft uns, sich von Illusionen zu lösen, sie zu erkennen, aber auch Illusionen erzeugen zu können.
Der Illusionsdrache lässt uns hinter die Masken blicken oder hilft uns, magische Illusionen, die uns zu beeinflussen versuchen, wirkungslos machen zu können.
Auch um bei jemand anderem Illusionen zu erschaffen und so sehen zu lassen, ist die Drachenmagie perfekt. Welche Illusion im alltäglichen Leben oder welche magische Illusion auf magischen Ebenen am besten ist, rät der Illusionsdrache.
Unsichtbarkeit, sich selbst, andere oder etwas anderes unsichtbar machen.

Stein: Amethyst
Kerzenfarbe: Dunkles Lila

Das Siegel der Illusionsdrachen

Der Magiedrache und sein Siegel

Drachenmagie: Der Magiedrache lehrt und unterrichtet in der Drachenmagie, wie, wann und wo man sie einsetzt. Auch wie man beschwört oder bannt, Kräfte kontrolliert, Wesen ruft, Amulette auflädt usw., einfach alles, was in der Ausübung der Drachenmagie wichtig ist. Der Magiedrache und seine Drachenmagie helfen in der richtigen und gezielten Magieausübung. Er berücksichtigt, auf welcher magischen Stufe man steht. Seine Drachenmagie gibt sehr starke geistige magische Kräfte, die man für die Ausübung der Drachenmagie braucht, und der Magiedrache gibt die notwendige Erkenntnis und das magische Wissen.

Stein: Grüner, natürlich gewachsener Smaragdkristall (auch mit Fassung als Anhänger)
Kerzenfarbe: Smaragdgrün

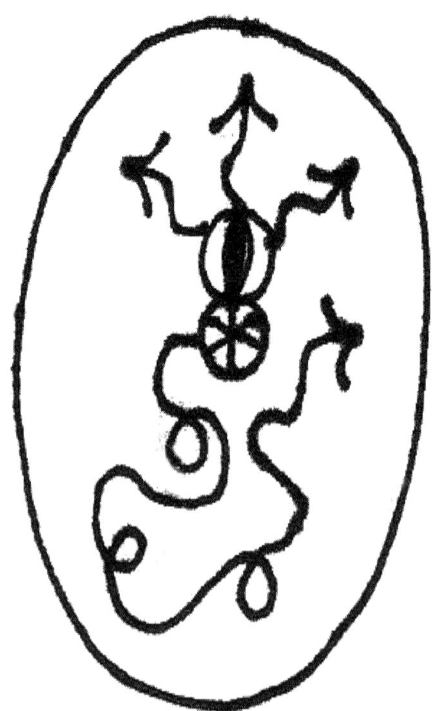

Das Siegel der Magiedrachen

Der Drachenkönig und sein Siegel

Drachenmagie: Der Drachenkönig oder Drachenvater gibt immer Geborgenheit, Rat, Liebe, Fürsorge, Obhut, Sicherheit, Schutz und Hilfe in allen Lebens- und magischen Bereichen.
Er kann bei Problemen einen oder mehrere bestimmte Drachen auswählen, die einem helfen können und auch werden. Das blinde Vertrauen zum Drachenvater sollte mit der Zeit stärker werden und man sollte sich nicht scheuen, ihn zu besuchen, denn er ist wahrlich ein sehr, sehr liebevoller, verständnisvoller und helfender Vater!

Stein: Moosachat
Kerzenfarbe: Dunkles Karminrot

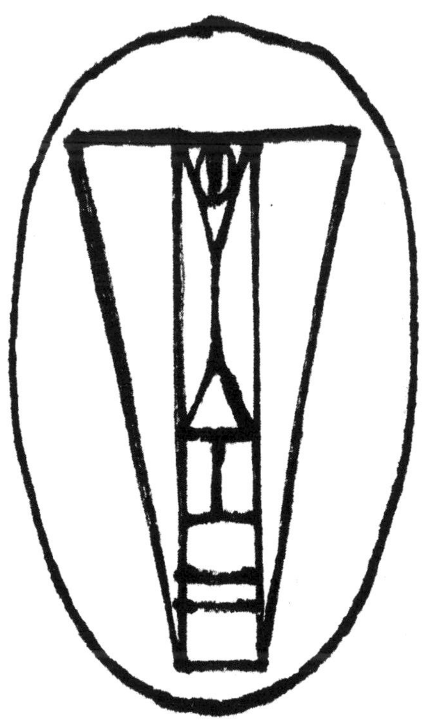

Das Siegel des Drachenkönigs

Die Drachenkönigin und ihr Siegel

Drachenmagie: Die Drachenmutter ist eine sehr liebevolle und sehr lebensfrohe Drachenkönigin, sie lehrt uns die Leichtigkeit des Seins und des Lebens, die Lebensfreude zu genießen und sich keine Sorgen zu machen, sondern zu vertrauen auf die höheren Wesen, die einem helfen und auf all unseren Wegen führen. Sie zeigt uns, dass es auch leichtere und schönere Wege auf den Lebens- und magischen Ebenen gibt. Sie gibt sehr viel Liebe, Fürsorge, Geborgenheit, Sicherheit und Ratschläge. Sie zeigt auch, dass der Glaube an sich selbst sehr wichtig ist und man sich nie von etwas unterkriegen lassen soll. Sie macht einen seelisch sehr, sehr stark und ich empfehle, wenn es einem besonders seelisch nicht gut geht und man seelisch große Probleme hat, die Drachenmutter aufzusuchen.

Stein: Saphir
Kerzenfarbe: Indigoblau

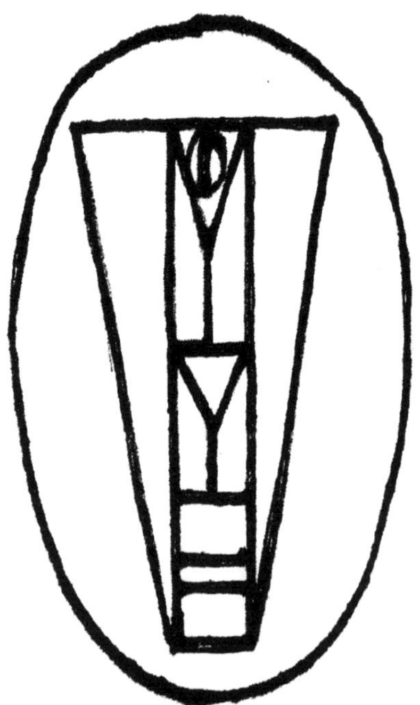

Das Siegel der Drachenkönigin

Der Drachengott und sein Siegel

Drachenmagie: Der Drachengott und seine Drachenmagie geben Halt für unser ganzes Wesen und unser Leben und er rettet uns sozusagen aus tiefster Not, wenn wir vom Weg abgekommen sind.
Er wird kommen, denn das ist sehr wichtig für die Drachenmagie und für die Freundschaft der Drachen. Die Kräfte, die er einem bei seinem ersten Besuch gibt, sind einzigartig, einmalig und wahrhaftig und nicht in Worten zu beschreiben. Seine verliehenen Kräfte sind Grundvoraussetzung für das Leben mit den Drachen und der Übertragung der Drachenmagie. Ab dem ersten Kontakt und der Verbindung mit dem Drachengott wird er einen sein Leben erkennen lassen, wer und was man ist. Dieses Erlebnis mit dem Drachengott soll immer als großes Geheimnis in sich bewahrt und niemandem erzählt werden.

Stein: Schwarzer, natürlicher Turmalinkristall (auch mit Fassung als Anhänger)
Kerzenfarbe: Schwarz

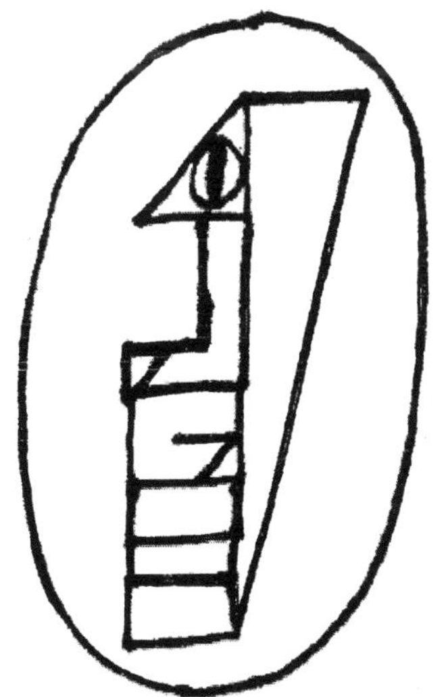

Das Siegel des Drachengottes

≈ Kapitel IV ≈
Erweiterte Drachenrituale 1

Gestalte dein persönliches Drachenmagie-Amulett

Ein Drachenmagie-Amulett ist sehr wichtig, weil es die Verbindungskräfte sowie die Drachenmagiekräfte der Drachen, egal welche und wie viele es sind, speichert. So wie eine Drachenmagie-Batterie, die man für alles verwenden kann, was man möchte.
Man kann auch einen Ring, ein Armband, eine Brosche, eine Kette, egal welches Schmuckstück, zu einem Drachenmagiestück machen.

Ich beschreibe hier jetzt das Drachenamulett, weil es das wichtigste aller Drachenmagie-Schmuckstücke ist: Man kann sich jedes beliebige Drachenmagiestück machen, aber ein Drachenmagie-Amulett ist in der Drachenmagie von allen Drachenmagiestücken am wichtigsten.

Man sollte sich am Anfang der Drachenmagie mit seinem Lieblingsdrachen gemeinsam ein Drachenmagie-Amulett erschaffen.

Später ist mit dem Drachenkönig, der Drachenmutter sowie dem Drachengott ein eigenes Drachenamulett zu empfehlen.

Das Drachenritual zur Drachenmagie-Amulett-Herstellung bleibt immer gleich, egal welcher Drache seine Drachenmagiekräfte hineingibt. (Dasselbe gilt bei den höchsten drei Drachen.)

Denn der Drache gibt mithilfe von einem selbst seine Drachenmagiekräfte in das Drachenmagie-Amulett hinein (oder in ein anderes Drachenmagiestück).

Das Drachenmagie-Amulett-Ritual ist nicht für einen Drachen, den man noch nicht kennengelernt hat, geeignet.
Man sollte den Drachen schon einmal gerufen haben.

… und los geht's

Man nehme das Pentagramm und lege in seine Mitte das ausgewählte Siegel des Drachens, den man rufen möchte (beides findet man zum Kopieren und Ausschneiden auf den letzten Seiten dieses Buches). Wie schon in Kapitel II erklärt, lege man dann das Siegel mittig auf den ausgesuchten Anhänger, den man zu einem Drachenmagie-Amulett machen möchte.

Dann ruft man den Drachen herbei, mit dem man schon Kontakt hatte, den man schon mindestens einmal gerufen hat.
Danach hält man beide Handflächen über den Anhänger und spricht zu dem Drachen:

**BEI MEINEM HERZEN UND IN TIEFER FREUNDSCHAFT
ZU DIR, LIEBER DRACHE,
BITTE LADE MIR DIESEN ANHÄNGER MIT DEINER
DRACHENMAGIE AUF UND MACHE IHN ZU MEINEM
PERSÖNLICHEN DRACHENAMULETT!**

Dann wartet man, am besten man hat seine Augen geschlossen, und denkt an den Drachen und seine Liebe zu ihm, dass er den Anhänger jetzt zum Drachenmagie-Amulett macht.

Man spürt, wenn der Drache fertig ist, bedankt sich mit Worten bei ihm, verneigt sein Haupt und verabschiedet sich, indem man ihm ganz einfach sagt, was man weiter machen möchte oder noch machen muss, ganz normal und natürlich.

Man sieht, je mehr man einen Drachen schon kennt und in Freundschaftsliebe mit ihm Kontakt hat, desto lockerer und natürlicher kann man sein und mit dem Drachen sprechen, wie einem der Schnabel gewachsen ist. Das entsteht ganz normal und natürlich wie bei jeder Freundschaft durch Vertrauen und Liebe.

SEINE DRACHENFÜHLER AUSSTRECKEN

Wenn man in die Natur hinaus geht und auf einen Erddrachen, Steindrachen oder Bergdrachen, aber auch einen Wasserdrachen treffen kann, dann ist das etwas Wunderschönes und Abenteuerliches.

Man braucht sich nur die geistige Frage zu stellen, ob hier ein Drache zu Hause ist und auf sein Gefühl hören, um so seine Drachenfühler auszustrecken. Seine Drachenfühler nach einem Drachen ausstrecken, spüren, wo er sich befindet. Man denkt an diese Frage und versucht, ihn mit seinem Gefühl zu orten, in welcher Richtung er um einen ist. Wichtig ist in erster Linie die Richtung, vom eigenen Standpunkt aus gesehen.

Man beginnt, sich zu konzentrieren, mit der Frage, wo sich ein Drache aufhält. Dann geht man mit seiner geistigen Suche im Kreis im Uhrzeigersinn weiter und denkt: „Drache, wo bist du?“ Damit ruft man auch gleichzeitig den Drachen, wo auch immer er ist.

Wenn man seine Drachenfühler im Kreis weiterbewegt und dann plötzlich einen Halt spürt – ist dies dann die Kontaktfindung, denn man hat sein Ziel erreicht.

Die Kontaktverbindung geschieht nur dann, wenn der Drache das auch will, denn er kann sich abschirmen, so dass ihn niemand finden kann.

Beim Kontakt ist dann eine Verbindung mit dem Drachen da, worauf er antworten wird, indem er kommt.

Dann kann man mit seinem Herzen zu dem Drachen sprechen und ihn um vieles bitten. Zum Beispiel: sein Drachenamulett mit seiner Drachenmagie aufzuladen; dass er immer willkommen ist, auch in deiner Wohnung zu Hause, dass er einem Rat gibt, der einem weiterhilft; ein Freundschaftsangebot machen; ob er einem lieben Menschen, der Hilfe benötigt, helfen würde usw. Der Drache schaut, wenn man etwas von ihm möchte, vorher tief in unser Herz hinein, um zu sehen, welche Absichten man hat und wer man ist. Man kann überall seine Drachenfühler ausstrecken, egal wo man sich befindet.

Man kann aber auch geistig aus seinem Körper heraustreten, irgendwo hinreisen und dort seine Drachenfühler ausstrecken.

Danach sollte man wieder bewusst in seinen Körper eintreten, wenn man ihn geistig verlassen und zurückgelassen hat.

Dein persönliches Drachenamulett beschützt deinen Körper immer, ob man geistig außerhalb oder innerhalb seines Körpers ist.

DEINE DRACHENMAGIESTEINE

Man hat sicher Halbedelsteine, Edelsteine oder ganz einfache Steine zu Hause. Wenn nicht, dann sollte man sich auf die Suche nach Steinen begeben, denn:

DRACHEN LIEBEN STEINE UND WERDEN VON IHNEN MAGISCH ANGEZOGEN, WEIL SIE MIT JEDEM STEIN VERBUNDEN SIND!

Das ist deshalb so, weil auch Steine eine eigene magische Welt sind und Drachen immer schon die Kräfte und Wesen der Steine verwendet haben, zum Schmücken ihrer Drachenhöhlen oder als magische Drachenobjekte.

Da wir ja in die Drachenwelt schon eingetaucht sind und immer tiefer und intensiver in die Drachenwelt kommen, machen wir es wie die Drachen.
Wir erschaffen uns auch mit Steinen magische Drachenobjekte.

Und zwar ganz leicht: Wir suchen uns ein paar Steine. Gerade im Wald sind Steine leicht zu finden und kosten nichts. Oder wir nehmen die Steine, die wir zu Hause haben, oder lassen uns von lieben Menschen welche schenken. Man nehme den Stein in die Hand und spreche:

BEI MEINEM HERZEN UND IN TIEFER FREUNDSCHAFT ZU DEN DRACHEN
„KÜRJIE KELLA KALMADRO“

Dieses „Kürjie Kella Kalmadro“ heißt so viel wie „Stein, öffne dich jetzt“ und bittet den Stein, sich nun zu öffnen.

Dann nehmen wir uns das große 36-Drachen-Siegel (das große zum Ausschneiden auf den letzten Seiten), legen es vor uns hin, dann legen wir den Stein einfach in die Mitte.
Danach denken wir an den Drachen, mit dem der Stein Kontakt haben soll.
Indem wir einfach das 36-Drachen-Siegel vor uns mit den Fingern am Rand berühren und geistig an den auserwählten Drachen denken, reisen wir mit unserem Geist zum Drachen.

Das 36-Drachen-Siegel mit seiner Drachenmagie aller 36 Drachen gibt uns die Kraft und die Fähigkeit dazu.

Beim Drachen angekommen bitten wir den Drachen, er möge uns den Stein mit seinen Drachenmagiekräften aufladen, damit er uns zu jeder Zeit helfen kann.

Der Drache wird unseren Wunsch erfüllen, wir bedanken uns und kehren geistig wieder zurück in unseren Körper ins Hier und Jetzt.
Das Zurückkehren geschieht am intensivsten, wenn wir das Wort ZURÜCK in Gedanken sagen.

Man kann seinen Geist programmieren, indem man schon vorher zu seinem Inneren sagt, dass, wenn man geistig woanders ist und ZURÜCK sagt, unser Geist sofort zurückkehren muss.

Wie unser Geist das macht, weiß er ganz genau, darum müssen wir uns nicht kümmern.
In unseren Körper zurückgekehrt schauen wir unseren neuen Drachenstein an, der vom Drachen mit Drachenmagie erfüllt wurde.

Wir spüren den Drachenstein und seine Drachenmagie darin intensiv und genießen diese.

Danach schauen wir auf unseren Stein, der im 36-Drachen-Siegel liegt, und sagen:

AUF IMMER UND EWIG, DRACHENSTEIN SEI BESIEGELT.

Damit prägen wir seine Festigkeit, damit die Drachenmagie für immer darin bleibt.

Zum Schutz, damit die Drachenmagie nicht von außen verändert werden kann, sagen wir:

AUF IMMER UND EWIG, DRACHENSTEIN SEI VERSIEGELT.

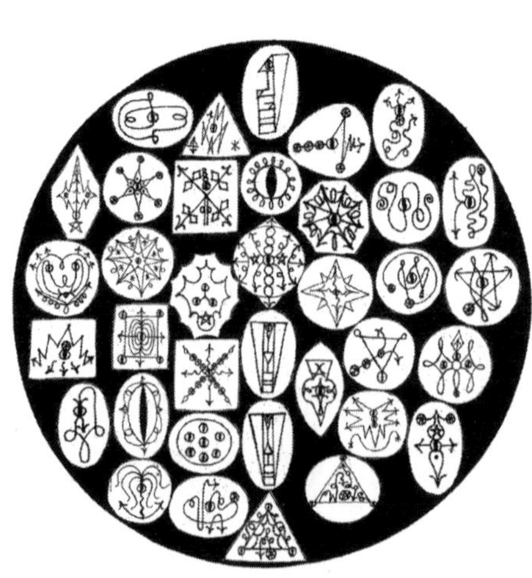

Nun ist unser Drachenstein fertig und seine Drachenmagiekräfte wirken immer und überall. Man kann ihn einstecken, unter sein Kopfpolster legen oder in ein Säckchen geben und bei sich tragen.

Oder aber auch einem lieben Menschen schenken oder borgen, wenn er Hilfe braucht, die Drachenmagie in dem Drachenstein wirkt immer und überall und ist auch ein sehr helfendes und liebevolles magisches Drachengeschenk.

Geistreisen mit dem 36-Drachen-Siegel

Wenn man geistig irgendwo hinreisen möchte, um einen Drachen zu suchen oder zu besuchen, dann ist das nicht schwer.

Ich selbst mache es so: ich schließe meine Augen, damit ich besser sehen kann und von außen nicht abgelenkt werde.
Gleichzeitig halte ich mein 36-Drachen-Siegel in meinen Händen, denn so geht es viel leichter und schneller.
Dann denke ich ganz locker und einfach an den Drachen, zu dem ich geistig reisen möchte, mit dem Willen, bei ihm zu sein.

Wenn ich schon einmal oder öfter mit dem Drachen Kontakt und Verbindung hatte, geht das ganz leicht.
Noch viel leichter ist es, wenn man seine Drachenmagiekräfte übertragen bekommen hat.

Es kann aber manchmal vorkommen, dass man eine Blockade spürt.

Dies kann eine innere Blockade sein, weil man Gedanken im Kopf hat, die einen beschäftigen und die man nicht abschalten kann.

Oder der Drache ist beschäftigt und macht gerade etwas Wichtiges.

Der Drache spürt aber den Kontakt und kann eine Botschaft schicken, damit man weiß, dass es jetzt nicht geht.

Dann kann man warten und es später noch einmal versuchen.

Mir ist es bis jetzt noch nie passiert, dass ich länger als 10 Minuten gewartet habe, denn Drachen existieren in einer anderen Zeit als wir Menschen.
Wenn man dann mit dem Drachen Verbindung aufgenommen hat und geistig bei ihm ist, kann man sich mit ihm unterhalten; man kann auch versuchen, wenn man möchte, ihn zu streicheln. Ob er dies mag, wird man sofort sehen und spüren, indem er es entweder zulässt oder zurückweicht, aber man weiß es geistig sofort, weil die Kommunikation mit dem Drachen auch auf einer Energieebene fließt.

Wenn man ihn in seiner Drachenhöhle geistig besucht, kann man sich auch seine Höhle von innen anschauen und wird sicherlich staunen.

Man kann aber auch mit dem Drachen gemeinsam geistig irgendwo hinreisen, um ein bestimmtes Ritual oder eine drachenmagische Tätigkeit und Handlung durchzuführen.

Je nachdem, was einem selbst und dem Drachen wichtig ist, ist fast alles möglich.
Auf und mit einem Drachen gemeinsam zu fliegen ist eine sehr große Ehre und ein wunderschönes gemeinsames Erlebnis.

DRACHEN KÖNNEN SICH VERWANDELN UND NOCH VIELES MEHR

Wenn der Drachenkontakt wirklich ganz wichtig ist, und dies entscheidet der Drache, dann kann sich der Drache verdoppeln und seine zweite Drachenform wird kommen.
Dies macht er aber nur, wenn es anders nicht geht und sehr wichtig ist.

Manche Drachen können sich auch in eine beliebige Menschengestalt verwandeln.

Ich selbst habe einmal jemanden gesehen und kurz in seine Augen geschaut und war davon überzeugt, dass dieser Mensch ein Drache ist, der sich in eine Menschengestalt verwandelt hat.

Manche Drachen können auch die Zeit stillstehen lassen.

Man kann auch durch die Augen eines Drachens sehen, wenn man ihn bittet, durch seine Augen sehen zu dürfen.
Es kann sehr erkenntnisreich sein bezüglich eines Zeitblickes der Vergangenheit, Gegenwart oder Zukunft an einen bestimmten Ort blicken zu können.
Oder eine bestimmte Person zu sehen, was sie gemacht hat oder gerade macht.
Bei den auf die Zukunft bezogenen Zeitblicken sind die Drachen sehr wählerisch, da man durch das, was man gesehen hat, die Zukunft beeinflussen könnte.

Drachen beschützen einen immer, egal was man macht oder tut.
Voraussetzung ist die Liebe und die natürlich entstandene Freundschaft durch den Kontakt und die gemeinsamen Aktivitäten und Kommunikation mit den Drachen.

Und es ist ein sehr großes Abenteuer, auf und mit einem Drachen fliegen zu dürfen.

Wie werden Drachen geboren?

Drachen schlüpfen meines Wissens nicht aus einem Drachenei.
Echsen oder Reptilien legen Eier und vermehren sich so.
Aber Drachen sind keine Echsen oder Reptilien, sie sind höhere Wesen, die aus und vom Drachengott erschaffen werden.
Die neuen Drachen kommen aus dem Drachengott heraus oder hervor.
Nur der Drachengott alleine erschafft die Drachen.
Je nachdem, wie der Drache ist, der aus dem Drachengott geboren wird, ist er noch klein und wächst noch oder er ist schon riesengroß.
Dies entscheidet und bestimmt der Drachengott ganz alleine und niemand wird die Hintergründe des Wie und Warum ergründen können.
Es gibt bestimmte höhere Ebenen und höhere Seinsebenen, in die einzutreten ein menschliches Wesen nicht befugt ist.

Andere Wesen und andere Ebenen

Es gibt Kraftwesen, Geistwesen und Energiewesen.

Es gibt Wesen materieller Natur und ihre Seinsform ist in der Materieebene, die tiefer schwingt als die höheren Seinsebene. Sie haben einen materiellen Körper, einen Energiekörper und einen Geistkörper.

Dann gibt es Wesen seelischer Natur, ihre Seinsform ist in der Energieebene und diese schwingt höher als die materiellen Seinsebene.
Sie haben einen Energiekörper und einen Geistkörper.
Sie haben aber keinen Materiekörper.

Und die Wesen geistiger Natur: ihre Seinsform ist in der Geistebene und diese schwingt höher als die materielle und energetische Seinsebene.
Sie haben keinen Energiekörper und keinen Materiekörper, nur einen Geistkörper.

Unterteilungen:

Geistwesen = Geistkörper + Geistbewusstsein

Energiewesen = Energiekörper + Energiebewusstsein
+ Geistkörper + Geistbewusstsein

Materiewesen = Energiekörper + Geistkörper + Materiekörper
+ Energiekörper + Energiebewusstsein
+ Geistkörper + Geistbewusstsein
+ Materiekörper + Materiebewusstsein

Jedes Wesen hat ein höheres Wesen und ist mit diesem verbunden.

Andere Wesen wie Drachen, Elfen, Vampire, Werwölfe, Einhörner, Elementarwesen, Zwerge, Feen usw. sind Kraft-Energie-Geistwesen, die Seele und Geist besitzen.

Jedes Wesen, so wie wir selbst, hat ein männliches und ein weibliches Kraft-Energie-Geistwesen, mit dem es verbunden ist.

Beide haben bestimmte Kräfte und können sehr viel bewirken. Das männliche ist für die Körperenergie, das weibliche größtenteils für die geistige Energie verantwortlich. Beide Wesen haben auch eine Seelenenergie. Es ist genauso wie bei uns Menschen, doch wir haben auch einen materiellen Körper.
Die anderen Wesen haben eine andere Schwingungsebene ohne Materiekörper, deshalb können wir sie auf der materiellen Ebene nicht sehen.

Jedes dieser anderen Wesen hat ein eigenes Bewusstsein und ist ein eigenes Wesen für sich.

Wenn wir uns in bestimmten Situationen mit einem anderen Wesen geistig verbinden, wie bei einem Ritual, oder wenn wir um die Kräfte dieses Wesens bitten, so verschmelzen wir mit diesem Wesen zu einem Ganzen, einheitlichen Wesen mit einem einheitlichen Bewusstsein.
Dies nennt man magische Zusammenarbeit.

Deshalb können wir diese Wesen nicht auf der materiellen Ebene sehen, sondern nur durch die Augen unseres Seelenkörpers, der höher als der materielle Körper schwingt, oder mit den Augen unseres Geistkörpers, der noch höher als der Seelenkörper schwingt.

Die Bewusstseinsebenen

Mit unserem Bewusstsein können wir zwischen den unterschiedlichsten Seinsebenen sozusagen hin-und-her-hüpfen oder uns mit unserem Geist dorthin teleportieren.

Um ein Wesen in der Geistebene sehen zu können, muss man sich erst mit seinem Bewusstsein, das in der jetzigen Bewusstseinsebene ist – egal auf welcher Ebene man sich gerade selbst befindet –, und seinem Geist auf die Geistebene teleportieren.

Die Bewusstseinsebene ist die Ebene, in der man im Jetzt mit seinem bewussten Sein, also mit seinem Geist, ist. Man ist sich dessen bewusst, wo man gerade ist, bzw. hat sich diese Ebene bewusst ausgesucht, um dort zu sein.

Die Seinsebene ist jene Ebene, auf welcher sich gerade sein Seelenkörper oder sein Materiekörper befindet. Mit seinem Geist ist man oder kann man auf einer anderen Ebene sein.

Ebenen gibt es unzählige.

Man muss sich in der Magie immer erst bewusst mit seinem Geist (Bewusstsein) auf die entsprechende Ebene bringen, um auf dieser Ebene mit einem anderen Wesen, wie z. B. den Drachen, aktiv und gemeinsam magische Handlungen und Tätigkeiten (Rituale) ausführen zu können.

Dann befindet man sich mit seinem Geist, seinem Bewusstsein und seinem Geistkörper auf der Geistebene. Und man kann auf dieser Ebene durch seinen Geistkörper die Geistwesen sehen und gleichzeitig hören, sprechen, fühlen usw., während der Seelenkörper und der Materiekörper zum Beispiel entspannt auf dem Sofa im Wohnzimmer sitzen und gerade einen Film schauen oder arbeiten.
Die Konzentration ist natürlich sehr abgeschwächt, weil sich ein Teil seines Ichs mit seinem Geist ganz woanders befindet.

Dies erinnert mich an meine ersten schwierigen Rituale, die ich in der U-Bahn machte.
Ein Teil von mir, also mein Geist, war in der Bewusstseinsebene in einer bestimmten Ebene und mein Materiekörper war in der U-Bahn und ich musste mit einem Teilbewusstsein auch aus- oder umsteigen und mich ja körperlich fortbewegen.
Schwieriger ist es dann, wenn man noch reden oder nachdenken muss, während man ganz woanders ist und ein Ritual und magische Handlungen durchführt.

Aber seit ich mit den Drachen magisch zusammenarbeite, geht vieles leichter, denn sie helfen und unterstützen einen, wo sie nur können.
Egal was es ist, ob im alltäglichen oder im magischen Leben.

Die Drachenwelt

Die Drachen leben in ihrer eigenen Drachenwelt mit unterschiedlichen Landschaften und Pflanzen, Bergen, Seen und Meeren, auch leben dort eigene Tiere.

Es gibt dort Orte, die voll wunderschöner, fruchtbarster Vegetation sind, aber auch tote Landschaften, wo nur Dürre und Kahlheit herrschen. Auch riesige Flüsse, Seen und Meere, genauso Orte aus einer massigen, riesigen Wurzel bestehend, atemberaubende feuerspuckende Vulkane und tief in der Erde gewaltige Eishöhlen. Jeweils dem Lebensraum des Drachen angepasst.

Zu einem hellblauen Mond gibt es dort auch einen schwarzen Mond, wo der mächtigste aller Schwarzdrachen lebt, zu einer regenbogenfarbenen Sonne gibt es auch eine schwarze Sonne mit ganz besonderen Sonnendrachen.

Jeder Drache kann in Verbindung mit unserer Welt treten und in seiner Drachenhöhle ein Tor haben, das in Verbindung mit unserer Welt steht.

Wenn wir zu einem Drachen reisen und seine Drachenhöhle betreten wollen, kann es sein, dass man erst die Drachenwächter der Drachenwelt passieren muss.

Diese Welt wird von sehr großen und gewaltigen Wächterdrachen und Kriegerdrachen bewacht und beschützt, so wie auch der Drachenkönig und die Drachenkönigin.

≈ Kapitel V ≈
Erweiterte Drachenrituale 2

Der Drachengeist

Diese Art von Aufladung mit dem 36-Drachen-Siegel macht man am besten erst dann, wenn man mit seinen Drachenfreunden schon Rituale gemacht hat und mit ihnen in geistiger Verbindung steht.
Ein 36-Drachen-Siegel zum Ausschneiden befindet sich am Ende des Buches, es dient auch dazu, ein Objekt mit dem Drachengeist aufzuladen.
Der Drachengeist ist in jeder Drachenmagie sowie in jedem Drachen enthalten und stellt sozusagen die Kraft dar, die vom Drachengott kommt.
Der Drachengeist gibt uns die Verbindungskraft mit den Drachen und ihrer Drachenmagie, wenn wir uns mit dem 36-Drachen-Siegel geistig vereinen.

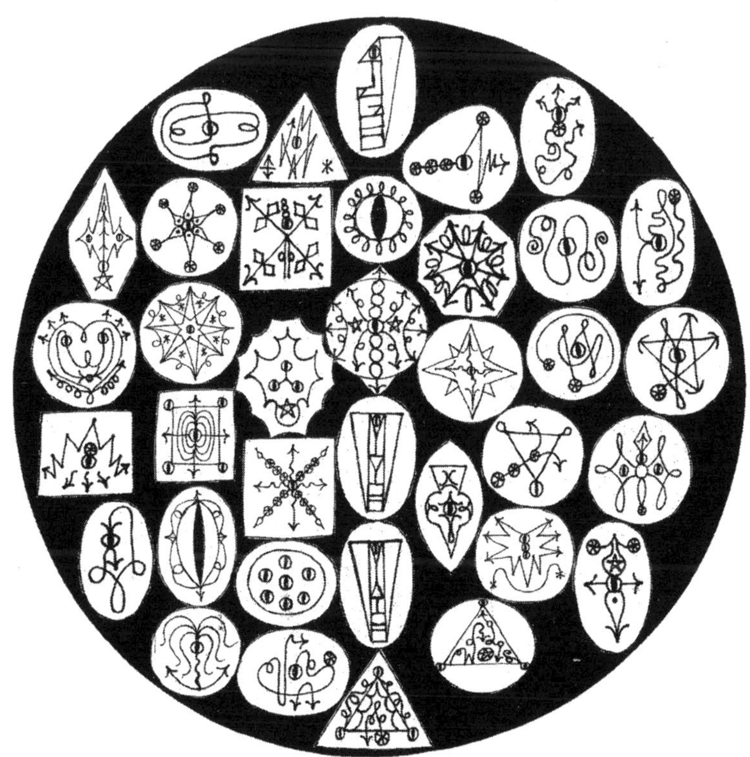

Das 36-Drachen-Siegel

Man halte das 36-Drachen-Siegel mit der Symbolseite einfach auf seinen Kopf, ganz oben in der Mitte und denke, man möchte sich mit DER KRAFT DES DRACHENGEISTES vereinen, und spreche:

„BEI MEINEM HERZEN UND IN TIEFER FREUNDSCHAFT ZU DEN DRACHEN RUFE ICH DEN ALLMÄCHTIGEN DRACHENGEIST ALLER DRACHEN IN MICH HINEIN"

Danach verweilt man eine bestimmte Zeit und konzentriert sich auf den Drachengeist.
Nach einer bestimmten Zeit, wenn der Drachengeist spürbar ist und man sich mit dem Drachengeist vereint hat, spricht man:

„AUF IMMER UND EWIG - SIEGEL BESIEGELT, SIEGEL VERSIEGELT"

Danach bedankt man sich geistig mit seinem Herzen und mit seinen Gedanken:

„ICH DANKE DIR, EHRWÜRDIGER ALLMÄCHTIGER DRACHENGEIST"

Danach fühlt man sich sicher besser und auch stärker und man kann sich freuen, geistig ein Teil der Drachen selbst zu sein. Es ist auch eine große Ehre, dazugehören zu dürfen.

DIE AUFLADUNG SEINES DRACHENMAGIEOBJEKTES

Man nimmt das 36-Drachen-Siegel, das man ausgeschnitten hat, egal ob das große oder das kleine, und ruft den ausgesuchten Drachen geistig, indem man das kleine 36-Drachen-Siegel in beiden Händen hält oder das große vor sich an die Wand hängt oder auf dem Boden liegen hat, und bittet ihn um Hilfe: er möge seine Drachenmagiekraft in dieses Objekt hineinfließen lassen.

Danach legen oder halten wir das Objekt auf das 36-Drachen-Siegel und rufen den Drachen, so wie wir es mit unserem Herzen und mit unseren Gedanken für richtig halten.

Dann, wenn wir spüren, dass der Drache mit uns in Verbindung steht (der Drache muss nicht kommen oder wir zu ihm, es genügt die geistige Verbindungsherstellung), bitten wir den Drachen, so wie wir es auch für richtig finden, das Objekt mit Drachenmagiekräften aufzuladen, die etwas ganz Bestimmtes bewirken sollen.

So weiß der Drache, worum es einem geht, denn seine Drachenmagie bewirkt ja vieles.

Dann wartet man, bis der Drache die Energieverbindung hergestellt hat, und horcht in sein Gefühl hinein, ob er so weit ist.
Dann wird man spüren, wie sich dieses Objekt mit den Drachenmagiekräften des Drachen erfüllt.

Wenn der Drache mit seiner Übertragung fertig ist, bedankt man sich freundschaftlich, dass er gekommen ist, und verabschiedet sich anschließend.
Mit der Verabschiedung wird sich der Drache wieder zurückziehen und seines Weges gehen.

Danach muss man das neue Drachenmagiestück besiegeln und versiegeln.
Denn sonst kann die Drachenmagie entweder mit der Zeit aus dem Drachenmagiestück entschwinden, so als wenn man sich ein Amulett an einer Kette mit losem Verschluss umhängt, oder es kann durch äußere Umstände und Einwirkung beeinflusst werden.
Durch bewusste oder unbewusste Einwirkungen, die es gibt, ja sogar durch unsere eigenen Energien, kann jede Energie mit der Zeit beeinflusst werden, wenn etwas lange Zeit einer bestimmten Kraft oder Energie ausgesetzt ist.
Dies ist ein Naturgesetz, und dieses Gesetz bezieht sich auf die Macht des Einflusses von Ursache und Wirkung.

Wenn der Drache mit der Drachenmagie-Übertragung fertig ist, muss man das Objekt verfestigen, damit die Drachenmagie darin bleibt und vor äußeren Einflüssen beschützt ist, indem man spricht:

„SIEGEL BESIEGELT, SIEGEL VERSIEGELT“

Denn so bleibt diese Drachenmagie für immer in diesem Objekt, geht nicht verloren und kann nicht entschwinden.

Alles in der Magie braucht auch Verfestigung und Schutz, wenn etwas so bleiben soll, wie es ist.
Das Objekt befindet sich noch immer in Berührung mit dem 36-Drachen-Siegel und kann nun von diesem weggenommen werden. Das neue Drachenmagieobjekt ist jetzt fertig.

DER SIEGELSPRUCH

NUR DURCH DEN SIEGELSPRUCH AKTIVIEREN SICH DIE DRACHENMAGIEKRÄFTE DES 36-DRACHEN-SIEGELS!

„SIEGEL BESIEGELT - SIEGEL VERSIEGELT“ (jetzt)
oder
„SIEGEL BESIEGELN - SIEGEL VERSIEGELN“ (dann)

SIEGEL BESIEGELT: Bedeutet, dass man die Drachenmagiekräfte der 36-Drachen-Siegel, die aus der Drachenmagie der 36 Drachen bestehen, in oder auf etwas wirken und bewirken lässt und somit etwas beeinflusst, verändert, verwandelt, umwandelt, erschafft, auflöst, zerstört usw.

SIEGEL VERSIEGELT: Bedeutet, dass man mit dem 36-Drachen-Siegel versiegelt, wie wenn man einen Brief versiegelt, damit das Siegel selbst darauf ist und mit seinen Drachenmagiekräften wirkt. Auch um etwas darin Enthaltenes zu verschließen und aufzubewahren zum Schutz vor außen.

SIEGEL BESIEGELT - SIEGEL VERSIEGELT

So soll man den Siegelspruch bei Verwendung des 36-Drachen-Siegels – oder bei einzelnen oder mehreren selbst kombinierten Siegeln der Drachen – sprechen, um die Drachenmagie der Siegel zu aktivieren und ihre Drachenmagiekräfte wirken zu lassen. Aber, sollen sich die Drachenmagiekräfte der Siegel der Drachen oder das gesamte 36-Drachen-Siegel erst später aktivieren, um etwas ganz Bestimmtes zu bewirken, (wenn man es zum Beispiel jemanden als Amulett für zu Hause gibt oder irgendwo geheim deponiert, wo es erst später aktiv sein soll (oder viele andere Möglichkeiten)), so hält man genauso vorher seine Hand darauf und spricht in Worten oder Gedanken den Siegelspruch, aber mit N zum Schluss.

SIEGEL BESIEGELN - SIEGEL VERSIEGELN

Das N zum Schluss bei BESIEGELN und VERSIEGELN bezieht sich auf einen späteren Zeitpunkt, im Gegensatz zu BESIEGELT und VERSIEGELT, die sich auf den jetzigen Zeitpunkt beziehen. Das N steht dafür, dass sich das 36-Drachen-Siegel erst dann, zu einem späteren Zeitpunkt, be- und versiegelt. Wann der richtige Zeitpunkt da ist, wissen die Drachenaugen des Drachengeistes in den Siegeln der Drachen und aktivieren das 36-Drachen-Siegel.

BESIEGELT - VERSIEGELT = JETZT
BESIEGELN - VERSIEGELN = DANN

Der Drachenstab

Der Drachenstab wird wie ein Zauberstab oder Hexenstab verwendet und kann ganz leicht hergestellt werden.
Für jeden ist sein ganz persönlicher Drachenstab wichtig, denn dieser kann nicht von jemand anderem verwendet werden.
Denn der Drachenstab enthält die reine Drachenmagie der Drachen.

Man suche sich im Wald einen Stab aus Holz seiner Wahl, die Größe ist egal, so wie es für einen am besten ist. Man kann aber auch ein chinesisches Ess-Stäbchen verwenden. Es muss allerdings aus Holz oder Bambus sein, nicht lackiert und nicht aus Kunststoff.
Und so macht man sich seinen persönlichen Drachenstab:

Man nehme das 36-Drachen-Siegel auf den letzten Seiten des Buches und lege den zukünftigen Drachenstab darauf oder hält es auf den Stab gedrückt, berührt es konstant, und ruft seinen ausgewählten Drachen.

„IN DER TIEFE MEINES HERZENS UND AUFRICHTIGER FREUNDSCHAFT ZU DEN DRACHEN RUFE ICH DEN (einen der 36 Drachen nennen), BITTE KOMM ZU MIR!"

Dann bittet man den Drachen, er möge seine Drachenmagie in den Zauberstab fließen lassen, mit ganz normalen Worten wie:

„ICH BITTE DICH, LIEBER DRACHE, GIB MIR DEINE DRACHENMAGIE IN DIESEN STAB HINEIN"

Nachdem dies geschehen ist, dem Drachen danken und sich verabschieden, wie man möchte, oder man macht gleich ein Ritual mit dem Drachen und seinem neuen Drachenstab.

Das kann man so oft machen, wie man möchte, auch bei verschiedenen Drachen, aber aus Erfahrung genügt es mit seinem innigsten und liebsten Drachenfreund.
Man kann natürlich auch, nachdem man einen Drachen darum gebeten hat seinen Drachenstab aufzuladen, den Drachenvater bitten oder auch die Drachenmutter, ja selbst den Drachengott, ihre Drachenmagie in den Drachenstab hineinzugeben, denn ihre Drachenmagie ist am stärksten und etwas ganz Besonderes.

Man kann auch noch seine persönlichen Hexenkräfte in den Stab hineingeben, dies wird sicher mit der Zeit von selbst kommen. Seinen persönlichen Drachenstab kann man für alles verwenden, was man möchte, hier sind keine Grenzen

gesetzt. Man nehme den Drachenstab in die Hand oder in beide Hände, wobei ein Ende immer zu einem selbst zeigt oder zum Boden und das andere Ende zeigt immer von einem weg oder hinauf.
Der Drachenstab enthält mächtige Drachenmagie, die man sofort mit seinem Geist lenken kann, um zu wirken. Ich selbst verwende meinen Drachenstab geistig, egal wo ich bin. Ich reise geistig zu meinem Drachenstab und öffne damit immer mein Tor zu meiner persönlichen Magiewelt, die sich jeder selbst auch erschaffen kann.

Die Verwendung deines Drachenstabs

Du nimmst deinen Drachenstab so in die Hand, dass die flache, dicke Seite an der Handmitte anliegt und die drei Finger – Daumen, Zeige- und Mittelfinger – ausgestreckt den Stab halten. Die anderen beiden Finger – Ring- und kleiner Finger – lässt du einfach locker dabei – wenn es ein kleiner Stab ist. Bei einem großen ganz normale Handhaltung.

Dann verbindest du dich mit dem Stab geistig zu einer Ganzheit, denn er dient als Energieverlängerung und Kraft für die Drachenmagie und deinen Geist, wenn du auf ein Objekt zeigst, dass du verwandeln möchtest.

Oder auch auf dein eigenes Bild im Spiegel, um dich selbst zu verwandeln.

… und los geht's, nimm deinen Drachenstab

Dann konzentrierst du dich voll und ganz auf das Objekt, welches du verzaubern, verwandeln, umwandeln, auflösen oder erschaffen willst. Die bildliche Vorstellung eines Energiestrahles im Geist, oder egal welche bildliche Vorstellung, ist notwendig und wichtig zur Verwandlung, das dementsprechende GEFÜHL, WIE ES SEIN SOLL!!!!
Durch das Gefühl und die Vorstellung sendest du die Drachenmagie und formst das Objekt, egal was du erreichen willst. Es verwandelt die neue Form. Das Gefühl, wie es sein soll, ist sehr wichtig, denn das Gefühl formt die Energien. Verwandeln heißt formen, verändern, umwandeln, auflösen oder etwas entstehen lassen, und…

verzaubern oder verhexen ist Verwandlung durch Magie oder Hexerei.

Auch eine bildliche Vorstellung formt die Energien. So formst du die Energie, wie du sie haben willst, erst mit deinem Geist, dann mit deinem Gefühl.
Du gehst gefühlsmäßig von dem weg, wie es nicht mehr sein soll, und gehst gefühlsmäßig dorthin, wie es sein soll. Beginne mit kleinen Dingen, später

gehen größere auch, z. B. ein schwarzes Loch erschaffen, das negative Energie auflöst, oder du erfasst die Energie und formst Schritt für Schritt gleichzeitig die Energie durch das Gefühl, wie es sein soll, um.
Das Gefühl der schrittweisen Umwandlung ist wichtig, denn es formt Materie und Energie, und das geht nur Schritt für Schritt.

Halte deinen Drachenstab so, dass die Spitze auf das Objekt zeigt. Dies gilt für einen kleinen Stab oder einen, der aus einem chinesischen Stäbchen gefertigt ist.
Einen großen Drachenstab einfach gerade mit der Hand oder beiden Händen halten, ein Ende setzt am Boden auf, das andere Ende zeigt hinauf.
Erschaffe die bildliche Vorstellung der neuen Energievorstellung, Energieübetragung, Energieumformung und Energieverwandlung, wie es sein soll, wie du es haben möchtest.
Dann das dementsprechende zugehörige Gefühl, wie es jetzt ist und wie du es haben möchtest.

Gefühl und Vorstellung sollen eine Einheit bilden, von dem, was du haben möchtest.

Spüre, welche Energien in dem Objekt jetzt noch unverändert sind und halte diese fest. Stelle dir jetzt vor, was du haben willst, wie es nach der Veränderung sein soll.
Dann kehrst du mit deinem Gefühl wieder zurück, wie es jetzt ist, und ZIEHST DIESES GEFÜHL, WIE ES NOCH IST in das Gefühl rüber, wie es sein soll, IN DAS GEFÜHL RÜBERZIEHEN, wie du es verändert haben möchtest.

Mit den Worten: VERWANDLE DICH - SO SOLL ES SEIN!

Das wird eine Zeit brauchen, aber egal – Übung macht den Meister. So arbeitet man mit seinen Gefühlen, die mit unserem Geist verbunden sind.

Wenn man fertig ist, ist die Prägung wichtig, damit das neue umgestaltete Objekt durch die Drachenmagie des Drachenstabes auch jetzt immer so bleibt. Mit den Gedanken: AUF IMMER UND EWIG - SO WIRD ES SEIN!

Bau einfach eine liebe Beziehung zu deinem Zauberstab auf, wie bei einem Freund, den du sehr gern hast, dann ist eine super Verbindung gegeben. Und die Drachenmagie in deinem Drachenstab hilft und unterstützt dich bei jeder Art von Magie oder Hexerei.

Hexenmeister-Zaubersprüche und die Erschaffung eigener Zaubersprüche

Was ist ein Zauberspruch und wie wirkt er?

Wenn man eigene Zaubersprüche erschaffen möchte, dann geht das nur mit seiner inneren Kraft und dem starken Glauben an sein Inneres. Alles besteht aus Schwingungen der Atome, der Elektronen und Neutronen, alles schwingt. Man erschafft und bringt die Atome zum Schwingen, wenn man mit seiner Stimme spricht, wie die Saiten einer Gitarre, und jede Saite hat einen anderen Ton und bringt eine andere Schwingung hervor. Eine Zusammenstellung unterschiedlicher Schwingungen, wie jede Gitarrensaite, die vibriert, ist genauso, wie wenn man Worte spricht, jeder Buchstabe eine andere Schwingung.

So bringt jedes Wort eine Kombination verschiedener Schwingungen zusammen, wie wenn man mehrere Saiten auf einer Gitarre spielt.
Genauso verhält es sich bei der Stimme durch die Stimmbänder.

Ein Zauberspruch besteht aus einer zusammenhängenden, aufeinanderfolgenden Kombination von verschiedenen Schwingungen unserer Stimmbänder.
Diese Schwingungen bringen die Atome zum Schwingen und dies ist auch Energie, die in eine bestimmte Schwingung gebracht wird.

Es ist dann wie ein ganz bestimmter Code, wie ein ganz bestimmter Schlüssel, der geformt wird. Schwingungen sind wie Wellen des Meeres.
Eine Welle kann lange Strecken im Meer zurücklegen und bringt stilles Meer gleich als Welle hervor. Schwingung ist auch Bewegung.
Wir bringen mit unserer Stimme, durch unsere schwingenden Stimmbänder, die Atome/Energie in eine ganz bestimmte Bewegung und die Atome schwingen dann gleich einer Welle im großen, weiten Ozean.

Man kann auch magische Symbole mit dem dazu passenden Zauberspruch kombinieren, wenn man möchte.

Man kann auch den gewünschten Zauberspruch auf einen Zettel schreiben, eventuell ein dazu passendes Symbol erschaffen und dazu zeichnen.
Diesen Zettel kann man jemandem schenken, bei sich tragen, in ein Medaillon geben oder unter das Kopfkissen legen und darauf schlafen.

Man kann auch bei sich oder, um ihm Gutes zu tun, bei jemand anderem mit einem Eyeliner einen Zauberspruch auf die Haut auftragen, mit oder ohne dazu passendes Symbol.

Wie erschafft man einen Zauberspruch?

Die Erschaffung eigener Zaubersprüche geht nur mit dem Glauben an sein Inneres und an die Kraft seines Geistes sowie dem Wissen, wie Zaubersprüche wirken.
Denn dies bringt das nötige Verständnis und den Glauben an die Kraft der Zaubersprüche.
Ein Zauberspruch und die Person, die ihn ausspricht, bilden einen Einklang.
Die Stimme ist die Formgebung der Schwingungsenergie des Zauberspruches.

Deshalb muss man erst in sein Inneres, seinen Gefühlen diesen Ausdruck geben. Man atmet tief ein und tief aus und konzentriert sich auf sein Inneres, auf die Mitte des Zentrums seiner Brust.
Ganz am Anfang seines Weges der Zaubersprüche wird es helfen, tiefer zu atmen. Hat man seine Mitte, spürt man das Zentrum seines Inneren, soll man diesen Moment genießen...
Dann soll man wissen, was der Zauberspruch bewirken soll, welche Kraft er haben soll. Wenn man das weiß, dann soll man auch das dementsprechende Gefühl dazu spüren und es erfassen.
Dieses Gefühl wird dann in Worte transformiert, es findet eine Umwandlung statt. Vom Gefühl, diese Energie in Worte zu fassen.

Dann sollte man einfach sein inneres magisches Wesen sprechen lassen und sich einfach nur zuhören, welche Worte aus seinem Mund kommen.
Man soll sich einen Stift und ein Stück Papier bereithalten, denn in seinem leichten Trancezustand weiß man dann nach einigen Minuten nicht mehr, welche Worte man gesprochen hat.

Dies erfordert Übung, einfach machen, probieren, Übung macht den Meister.
Nach dem Aufschreiben seines Zauberspruches – und der Notiz, was der Zauberspruch bewirkt – sollte man prüfen, ob es von seinem Gefühl her passt, indem man den aufgeschrieben Zauberspruch laut vorliest und dann in sein Inneres schaut und beobachtet, was man dabei spürt.
Man bekommt mit der Zeit ein Gefühl dafür und sein Inneres wird es bestätigen. Einfach machen, dann kommen die Erfahrungen und das wirkliche innere Wissen ganz von selbst.

Drachen-Zaubersprüche des Hexenmeisters

Eisdrache-Zauberspruch:

„Dracheneis so friere ein, steh still zu starre und stell dich ein“

Feuerdrache-Zauberspruch:

„Macht des Feuers flammenden Drachenschwert,
auf das dich die Flamme des Drachen verzehrt“

Schicksalsdrache-Zauberspruch:

„Gezeiten erkennet die Ursache der Pein,
so Schicksalsdrache, bitte schreit für mich ein“

Erddrache-Zauberspruch:

„Die Erde gewaltig als Beben zu grollen, der Erddrachen Schutz,
die mir Schaden wollen“

Liebesdrache-Zauberspruch:

„Oh Drache der Liebe, bring zu mir geschwind,
die Liebe des Lebens, so schnell wie der Wind“

Kuscheldrache-Zauberspruch:

„Verwandle, so verführe ich dich,
in des verzückenden Kuscheldrachen Gesicht“

Zeitdrache-Zauberspruch:

„Die Uhr der Zeit so lasse mich blicken,
über des Zeitdrachen Rücken zurückzublicken“

Magiedrache-Zauberspruch:

„Drachenmagie der Magiedrachen Macht,
schlummernde Kräfte in mir jetzt erwacht“

Traumdrache-Zauberspruch:

„Träume des Traumdrachen, so träumet für mich,
lasst entstehen zu erkennen für mich“

Monddrache-Zauberspruch:

„Mond und sein Monddrache begleitet mich nun,
mir zu helfen in jeglichem Tun“

Sonnendrache-Zauberspruch:

„Drachenmagie der Sonne erfülle jede Zelle in mir, Drache der Sonne, und jetzt für immer in mir wohne, so sei es jetzt hier"

Illusionsdrache-Zauberspruch:

„Drache der Illusion, enthülle die Wahrheit jetzt,
deine mächtigen Krallen alle Lügen zerfetzt"

Marsdrache-Zauberspruch:

„Drachenmagie des Marsdrachen wirke zerschlagend,
den Feind zu bezwingen, dein Kampfhorn hochragend"

Lichtdrache-Zaubersprüche:

„Licht des Drachen erstrahle im Glanz,
so dass dein Licht mich reinige ganz"

„Lichtdrache, forme aus deinem Licht ein Schwert,
zerstöre das Böse und das, was es nährt"

„Drache des Lichtes Drachenmagie, erschaffe ein Schutzschild,
das uns beschütze, sei so stark wie noch nie,
du bist mein Retter und meine Stütze"

Schwarzdrache-Zaubersprüche:

„Schwarzdrache spitzer Schwanz zerstöre,
das Böse durchbohre, mich bitte erhöre"

„Schwarzdrache, fresse das Schlechte und löse es auf
und schlag dem Bösen gewaltig eins drauf"

„Schwarzes Licht der Dunkelheit Drachenmagie, beschütze mich mächtig,
erkenne und sieh, was mich quält und peinigt hier, zerstöre mein Freund
Schwarzdrache von mir"

Drachenkönig-Zaubersprüche:

„Oh Drachenvater, bitte, hilf mir bitte,
lege mein Herz in deines Schoßes Mitte"

„Oh Drachenkönig, du mein Vater, bitte gib mir Rat, mein liebster Berater"

Drachenkönigin-Zaubersprüche:

„Oh Drachenmutter, bitte, hilf mir bitte,
lege mein Herz in deines Schoßes Mitte“

„Oh Drachenkönigin der glückseligen Wonne,
so helfe mir bitte, dass in mir Glückseligkeit wohne“

Drachengott-Zaubersprüche:

„Allmächtiger Drachengott, bitte lass mich sehen
und meine Probleme des Weges verstehen“

„Ehrwürdiger Drachengott, bitte gib mir Kraft,
dass ich all meine Hürden zum Guten schaff“

BESCHWÖRUNG EINES SCHWARZEN DRACHENS ZU HILFE GEGEN DAS BÖSE

Hilfeanrufungsritual eines schwarzen Drachens gegen das Böse, das wirklich sehr hartnäckig und schwer zu besiegen ist: Wie schwarze Magie und schwarzmagische Angriffe, alle schwarzen Mächte, böser Hexenzauber und böse Hexen, böse Flüche, böse Wesen wie schwarze Parasiten, Seelensauger, Energievampire u.v.m.

Man setze sich mit verschränkten Beinen auf den Boden und halte einen schwarzen Stein in der Hand. Oft findet man am Boden in der Natur oder auf der Straße einen kleinen schwarzen Stein.
Vor sich legt man das neutrale Pentagramm (das Pentagramm zum Ausschneiden auf den letzten Buchseiten) auf den Boden und nehme das kleine 36-Drachen-Siegel.

Man berührt das ganze Ritual hindurch das 36-Drachen-Siegel mit dem schwarzen Stein in beiden Händen, eine Handfläche nach unten und eine Handfläche nach oben haltend, und wünscht sich mit seinem ganzen Herzen, einen schwarzen Drachen zu kontaktieren, auf dass er kommt und einem hilft, indem er gegen das Böse kämpft. Nach ca. 5 Minuten spricht man folgenden Drachenmagiezauberspruch:

Bei unser aller Drachenkönig, schwarzer Drache,
ich rufe dich um Hilfe.
Bei unser aller Drachenkönigin, schwarzer Drache,
ich rufe dich um Hilfe.
Bei unser aller Drachengott, schwarzer Drache, ich rufe dich um Hilfe.
Schwarzer Drache, bitte komm herbei, so bitte ich dich,
und zerstöre die bösen Mächte, die so fürchterlich
mir Schaden wollen, hinfort von mir,
verbanne sie und schließ die Tür.

Dann legt man den schwarzen Stein mit dem 36-Drachen-Siegel, die einander berühren und nicht voneinander getrennt gehalten werden, in die Mitte des Pentagramms und wartet, was geschieht, bis man den Drachen spürt.

Nach unbestimmter Zeit, welches ein Erlebnis ganz persönlich zwischen einem selbst und dem Drachen ist, bedankt man sich für seine Hilfe und vertraut ihm, dass er alles tut, was in seiner Macht steht, um einen zu befreien von dem Bösen!

Danach spricht man laut:

Ich danke dir, oh großer mächtiger schwarzer Drache, ich danke dir für deine Hilfe und Unterstützung im Kampf gegen das Böse!

Danach kann man den schwarzen Stein vom 36-Drachen-Siegel nehmen. Den Stein trägt man am besten in einem Stoffsäckchen bei sich oder um seinen Hals, denn er ist jetzt gleichzeitig auch wie ein beschützender Talisman und sollte niemandem gezeigt und der Inhalt niemandem verraten werden. Das 36-Drachen-Siegel hängt man im selben Zimmer an die Wand. Dem Drachen vertrauen und alles weitere ihm überlassen...

Erlebnisse mit bösen Wesen

Ich hatte früher eine sehr depressive Zeit, in der ich auf der Suche nach einer glücklichen Beziehung war. Leider hatte ich den falschen Partner und ich war sehr unglücklich. Depressionen waren die Folge. Es war wie ein Uhrwerk, wo eines ins andere ging, und zwar bergab. Nach einer bestimmten Zeit spürte ich immer mehr Druck auf den Schultern und ich hatte eine große Last auf meinen Schultern zu tragen. Das ging so weit, dass ich stundenlang in meinem Bett lag, tagsüber wohlgemerkt, und grübelte und zermarterte mir den Kopf wegen meiner Beziehung. Und ich hatte große Angst, dass sich etwas wiederholen würde, was für mich einmal ein wirklich großer Schock war, das mir meine noch frühere Beziehung beichtete. Das Thema war Untreue, und für mich ist in einer Beziehung sexuelle Treue sehr wichtig.
So lag ich im Bett und dachte stundenlang nach, ob mein Beziehungspartner fremdgeht oder nicht. Vieles sprach dafür, aber ich konnte und, zu diesem Zeitpunkt, wollte es einfach nicht glauben.

Der Druck und die Last wurden unerträglich und ich war die letzten Wochen so sehr ohne Energie und Kraft.
Ich dachte mir: das kann es doch nicht sein, ich komme aus diesem Horror einfach nicht heraus mit meinen Gedanken.
Dann dachte ich, ich hatte des Öfteren das Gefühl, als ob so etwas wie ein böses Wesen auf meinen Schultern hockte, und ich spürte manchmal so etwas wie ein Loch, in das ich hinabfallen würde.

Dieses Gefühl, in ein Loch zu sinken oder zu fallen, meine ich nicht nur so als Spruch, symbolisch gemeint, sondern wirklich als körperliches Gefühl. Jetzt war wirklich der Zeitpunkt gekommen, an dem es mir reichte, und ich wollte wissen, ob mich ein böses Wesen beeinflusst oder nicht. Obwohl ich mir dach-

te, das wäre doch nicht möglich: ich trage immer mein kleines Schutzamulett um den Hals.
Ich legte mich auf den Rücken, die Hände flach neben meinem Körper ausgestreckt, und stellte meinem Geist die Frage „Sitzt etwas auf meinem Rücken?"
So konzentrierte ich mich ganz stark nach hinten auf meinen Kopf und meine Schultern, weil ich es wirklich absolut sicher wissen wollte.
Meine inneren Kräfte, mein inneres magisches Wesen aktivierte ich, mir dabei zu helfen.
Plötzlich, und es war für Sekunden, die mich jetzt, wo ich schreibe, noch immer erschaudern lassen und sich mein Inneres wehrt, daran zu denken, sah ich ein verwestes weibliches Gesicht.
Das Gesicht hatte Fäulnis überall an den Wangen, Kinn, Stirn, ja sogar auf den Lippen verschiedene braune Farbtöne. Die Augen waren glasig und groß und kamen aus den Augenhöhlen hervor. Und plötzlich war das Bild weg, ich setzte mich sofort auf und war total fertig.
Viele Fragen kamen in meinem Kopf hoch und ich konnte es gar nicht fassen, was da gerade passierte. *Mir* passierte. Es war wie in einem Horrorfilm und ich versuchte mit Atemübungen, wieder Boden unter meinen Füßen zu gewinnen, obwohl ich auf dem Bett saß.
Dann aktivierte sich mein Inneres und ich dachte mir: „Ich will das nicht, geh weg!"
Meine ganze innere Kraft ballte sich zusammen und ich schoss einen Schutzschild hinter mein Haupt. Dann kehrte Leere ein und ich fühlte nichts Böses mehr hinter meinem Kopf und auf den Schultern.
Aus dieser Situation lernte ich auch: sobald man weiß, dass in einer Situation ein böses Wesen oder eine böse Macht steckt, sobald man sich dessen bewusst ist und es wirklich weiß, entzieht man dem Bösen jegliche Macht über einen.
Die Erkenntnis macht uns frei von einem Machteinfluss.

DIE ERKENNTNIS, VOM BÖSEN BEEINFLUSST ZU WERDEN, MACHT UNS FREI VOM MACHTEINFLUSS DES BÖSEN

Ab diesem Zeitpunkt ging es mir besser und es ging wieder bergauf, doch habe ich mir diese Gefühle aus der Erfahrung wohlgemerkt für die Zukunft, damit mir so etwas nie wieder passiert. Und dass ich wissend bin, auch bei jemand anderen, wenn ich das Gleiche spüre.
Nun zu Erlebnis zwei, das mich am meisten geprägt hat. Da ich eine bestimmte Person sehr liebe und diese Person sehr viel Schlimmes erlebt hat, versuchte ich, dieser lieben Person immer wieder zu helfen, doch vergebens. Mein Inneres wendete sich sogar öfter ab, weil ich diese Energie, die herüberkam, nicht ertrug.

Oft versuchte ich mit vielen magischen Mitteln dieser Person zu helfen, doch diese unangenehme Energie kam immer wieder zurück. Später, so nach 3 Jahren, gewann ich die sehr liebe Freundschaft einer sehr lieben Hexe, die ich in Bezug auf den Drachengott schon erwähnt habe. Sie erzählte mir, dass sie wirklich von einem bösen Wesen beherrscht worden sei, ein Magier und andere magische Freunde haben sie davon befreit.

Die Hexe erzählte mir einiges von der Zeit, in der sie unter Einfluss stand. So erzählte ich von der lieben Person, der es so ähnlich erging, und die Hexe bestätigte mir den bösen Einfluss auf die liebe Person.
Nach meinem Besuch bei der Hexe machte ich mich mit dem Zug auf den Weg nach Hause. Im Zug bemerkte ich, dass es mir reichte, weil mir die liebe Person so sehr wichtig war und ich es so gemein und böse fand, was dieses infame Wesen macht.
Vorher erkannte ich, dass, wenn immer ich etwas magisches Gutes und Schutz, ja sogar Abwehr gegen das Böse machte, sich dieses Wesen dorthin zurückzog, wo es eigentlich wirklich ist, an einen dunklen schwarzen Ort.
Und von dort aus kontrollierte und beeinflusste es sie.
Ungern erinnere ich mich daran, denn es ist nicht gut an das Wesen zu denken, über das ich trotzdem weiter schreiben werde.

Im Zug machte ich es mir bequem und begab mich in leichte Trance und dann in eine tiefere. Meinen Schutzdrachen bat ich vorher, mich zu beschützen, denn vor mir lag ein harter Kampf.
Ich wollte dem ein für alle Mal ein Ende bereiten, konzentrierte mich gleich auf das böse Wesen und nicht auf die liebe Person, denn jetzt wusste ich, dass es sich ja bis jetzt immer zum Schutz sofort zurückgezogen hatte.

Dann rief ich mein Schwert. Es war ein besonderes Schwert, bestand aus purer Lichtenergie und war schon ca. 25 Jahre mein treuer Begleiter und Gefährte, um gegen die dunklen Mächte zu kämpfen und sie wenn nötig für immer aufzulösen.
Bei diesem Wesen, dies wusste ich erst nachher, handelte es sich um ein schwarzes Parasitenwesen, eines von der übelsten Sorte.
Woher es kam, wie es entstanden ist und warum es so etwas tut, interessiert mich überhaupt nicht und ich will es auch gar nicht wissen.

Denn es ist nicht gut, zu viel daran zu denken, denn sonst fühlt sich so ein Wesen womöglich eingeladen.

So peilte ich das Wesen an und ich wusste, es muss schnell gehen. Ich sah mich im tiefsten Schwarz und umhüllte mich mit einer Lichtschutzhülle.
Das Schwert war bei mir und schwebte neben mir in der Schutzhülle.

Dies geschah bis zu diesem Zeitpunkt so in etwa 10 Sekunden, wobei ich mich vorher bei der Wesenssuche bewusst mit einer Spiegelschutzhülle umgab, um unsichtbar zu sein, nicht erkannt oder erfühlt zu werden.

Plötzlich war ich vor diesem dunklen Wesen und es war so überrascht, dass es seinen Kopf drehen musste, um mich anzuschauen. Meine Hände zittern jetzt leicht beim Schreiben, ich beschließe, es kurz zu machen. Das Gesicht werde ich mein Leben lang nicht vergessen und ich bitte die Leser, sich dieses Gesicht gar nicht vorzustellen. Deshalb entscheide ich mich dafür, es nicht zu beschreiben.

Wenn dies jemand liest, der so ein Erlebnis schon hatte, dann weiß er, wovon ich spreche. Und dass es besser zum Schutz für sich selbst ist, sich dieses Gesicht gar nicht vorstellen zu können.

Ich musste handeln und mit meinem Schwertzauberspruch befahl ich dem Schwert zu handeln und es folgte, denn dies war nicht seine erste Aufgabe in den 25 Jahren.
Es drang in das Wesen ein, die Helligkeit dieses Schwertes wurde immer stärker. Ich wusste, es kämpfte gegen das Wesen und es blieb keine andere Wahl, als es zu vernichten.
Und dass ich Hilfe holen musste, denn sonst würden wir es nicht schaffen. Sogleich rief ich die Wesen des Lichtes, die ich kannte, und es gibt eine Höchste, die mich sehr gut kennt und mir schon einige Male in meinem Leben geholfen hat. Dieses höhere Lichtwesen und noch andere Lichtfreunde handelten.

Da ich ja schon vorher mein inneres magisches Wesen frei handeln ließ, war ich jetzt hauptsächlich nur Beobachter bei dem, was weiter geschah, denn die Lichtwesen erfüllten mich und wirkten durch mich. Worte und Kraft flossen unbeschreiblich, ich kann es nicht aufschreiben. Was hier geschah, war einzigartig.
Das Schwert wurde immer heller und heller und das Schwarze löste sich auf. Ich bin mir nicht mehr sicher, ob das Wesen geschrien hat, ich weiß es nicht mehr.

Danach flog das Schwert zu einer dunklen Öffnung, aus meinen Händen schossen Lichtstrahlen hervor und gemeinsam mit dem Schwert, aus dem auch ein Lichtstrahl schoss und sich mit meinen zu einem einzigen Strahl bündelte, erstrahlten sie das dunkle Tor und schlossen es mit ihren Kräften.

Darauf brannten sie ein weißes Lichtpentagramm wie in Stein gefasst hinein und am Ende, worüber ich heute noch traurig bin, stieß mein Schwert in die Mitte des Pentagramms mit seiner Spitze hinein und blieb regungslos darin stehen.

Damit so etwas nie mehr passieren möge, ist mein Schwert nun der Wächter des Tores.
Ich hoffe, dass ich dieses Erlebnis nie wieder aufschreiben oder daran denken muss, doch möchte ich dem Leser oder der Leserin ans Herz legen, dass es böse Wesen wirklich gibt und wie wichtig es ist, sich im Vorfeld davor zu schützen.

Das 36-Drachen-Siegel für Schutz, Liebe, Beruf, Geld, Gesundheit u.v.m.

Das 36-Drachen-Siegel ist sehr mächtig, es dient nicht nur zur Kontaktherstellung oder zum Besiegeln und Versiegeln magischer Drachenobjekte, sondern entfesselt auch die Drachenmagiekräfte aller Drachen durch den Drachengeist in den Drachenaugen der einzelnen Siegel.

Durch den Siegelspruch weiß der Drachengeist immer wie, wo und wann die Drachenmagiekräfte gezielt zu entfesseln und einzusetzen sind. Durch die verbundenen Drachen, die sich persönlich je nach Bedarf und Situation einsetzen werden (dies bestimmen der Drachengeist und die Drachen selbst).

Auf den letzten Seiten des Buches findet man mehrere Seiten mit dem 36-Drachen-Siegel, die man einzeln ausschneiden und beliebig einsetzen und verwenden kann.

Ein sehr wirkungsvoller Schutz durch die Drachenmagie ist immer das Allerwichtigste in der Drachen-Magie-Praxis, aber auch im alltäglichen Leben.
Die Drachen, mit denen wir in Verbindung sind, Freundschaft geschlossen haben und magisch zusammenarbeiten, beschützen uns auch immer und überall.
Trotzdem ist es gut und wichtig, das 36-Drachen-Siegel zum Schutz anzuwenden, da Drachen ja noch vieles andere zu tun haben – wie wir selbst – und nicht immer auf einen schauen können.
Man kann für andere Menschen, die einem wichtig sind, oder für sich selbst das kleine oder große 36-Drachen-Siegel einfach so wie es ist verwenden, oder man rollt es zu einer Rolle zusammen und wickelt ein Band darüber: als Drachenschutzrolle für die Geldbörse, fürs Auto oder die Handtasche, den Rucksack, den Schlüsselbund etc. Und es ist auch ein sehr starkes und beschützendes Geschenk.

Oder du machst beim 36-Drachen-Siegel oben mit einer dickeren Nadel ein kleines Loch und ziehst ein Baumwoll- oder Wollband durch. (Vorsicht! Beim Loch dürfen die inneren Siegel nicht verletzt werden.) So kann man es als Amulett um den Hals tragen, als Geschenk oder für sich selbst. Vorher kann man es auf einen festeren Karton kleben, um mehr Stabilität zu gewährleisten.

Wichtig ist, das 36-Drachen-Siegel in die Hand zu nehmen, den ausgewählten Drachen geistig um das zu bitten, was du möchtest. An den oder die Drachen denken (es gehen auch mehrere Drachen gleichzeitig) und geistig sagen, was dir wichtig ist. Zum Abschluss wird der Siegelspruch gesagt (egal ob mit seinen geistigen Gedanken oder mit Worten), denn erst dann aktivieren sich die Drachenmagiekräfte des 36-Drachen-Siegels.

Du kannst das kleine oder das große 36-Drachen-Siegel auch einfach in der Wohnung oder im Haus, ja sogar im Auto, an Türen, Fensterrahmen, Wänden, am Gartenzaun oder an beliebigen Gegenständen wie Handy oder Handytasche, Geldbörse usw. ankleben, annageln, hinstellen etc.
Man kann das 36-Drachen-Siegel auch an jedem gewünschten Gegenstand mit durchsichtigen Klebestreifen flächendeckend ankleben (wasserfest).
Eine weitere Möglichkeit ist, es mit einer Stecknadel an der Wand zu befestigen. Ob als Amulett oder als Rolle irgendwo deponiert, man kann es überall und egal wie einsetzen, so wie man möchte.
Ich selbst habe das 36-Drachen-Siegel aus Papier zu einer kleinen Kugel zusammengeknüllt und trage es in meinem kleinen Lederbeutel um den Hals.

Egal wofür man die Drachenmagiekräfte einsetzen und verwenden möchte, man hält immer vorher seine Hand über das 36-Drachen-Siegel und bittet den oder die Drachen um das, was man möchte. Dann spricht man den Siegelspruch und die Drachenmagiekräfte entfesseln sich.

Eine Möglichkeit ist auch, das 36-Drachen-Siegel mit einem breiten, durchsichtigen Klebeband ganz einzuschließen. So kann man es in die Geldbörse geben oder einstecken. Einfach bei sich tragen und die Drachen bitten, sie mögen Geld und Reichtum bringen und bewahren.

Oder du legst es über Nacht unter dein Kopfpolster, für gute Träume oder Gesundheit. Vorher nimmst du das 36-Drachen-Siegel in die Hand und bittest den Traumdrachen, er soll dir im Traum etwas Bestimmtes zeigen, oder du bittest den Sonnendrachen, er soll über Nacht (oder tagsüber) jede Zelle deines Körpers mit seinen harmonischen Sonnenkräften erfüllen.

Man kann aber das 36-Drachen-Siegel einfach auf den Tisch legen und eine Kerze darauf stellen, das Siegel berühren und den Siegelspruch sprechen, fertig. Dann verströmen Drachenmagiekräfte in alle Richtungen und erfüllen alles im Umkreis.

Oder man legt einfach das 36-Drachen-Siegel wohin man möchte, legt ein Schmuckstück darauf, spricht den Siegelspruch und die Drachenmagiekräfte fließen in das Schmuckstück für immer hinein und bleiben darin. Durch den gesprochenen Siegelspruch wird es für immer darin fixiert (mindestens eine Stunde darauf liegen lassen, alles braucht seine Zeit, längstens unbegrenzt).

Wichtig ist immer, bevor man das 36-Drachen-Siegel einsetzt und verwendet, die Siegel darin nicht zu verletzen und seine Hand (egal ob linke oder rechte Hand) immer vorher darauf zu halten und in Gedanken oder laut den Siegelspruch zu sprechen:

„SIEGEL BESIEGELT, SIEGEL VERSIEGELT“ (jetzt)

oder

„SIEGEL BESIEGELN, SIEGEL VERSIEGELN“ (später)

Das 36-Drachen-Siegel weiß durch die in den Siegeln enthaltenen Drachenaugen des Drachengeistes immer wo, wann und wie es sich aktivieren soll. Das geschieht durch die Gedanken der Person, die das 36-Drachen-Siegel einsetzt und verwendet, bzw. die vorhat, es einzusetzen und erst später zu verwenden.

Das 36-Drachen-Siegel-Lederamulett

Man kann sich das 36-Drachen-Siegel oder ein beliebiges einzelnes der 36 Drachensiegel als sehr schönes und edles Amulett gestalten.
Du nimmst einen alten Gürtel aus Leder und schneidest ein Stück ab, an dem sich ein Loch befindet, durch dieses ziehst du später das Lederband durch oder hängst ein Ringerl daran für eine Kette oder Band.

Du kennt sicher einen lieben Menschen, der einen alten Ledergürtel hat, den er nicht mehr trägt oder braucht. Oder du besorgst dir ein Stück festeres Leder von einem alten Lederrucksack oder -schuh. Am besten Rindsleder. Mit einer Lochzange machst du für das Lederband ein Loch hinein.
Dann schneidest du das kleine 36-Drachen-Siegel (in drei verschiedene Größen) oder ein beliebiges einzelnes der 36 Drachensiegel aus den letzten Buchseiten aus und misst die Größe am Lederstück mit dem Loch (auf der glatten Lederseite) so ab, dass das Loch gleich an das Siegel anschließt, und schneidest das Leder rundherum mit Rand zu.

Danach klebst du das ausgewählte Siegel unter das Loch auf die glatte Seite des Lederstücks mit einem Bastelkleber (von einem Bastelshop), und lässt es 30 Minuten trocknen. Ein Spezialkleber für Papier und Leder geht auch.
Bitte beachte die Ober- und Unterseite des Siegels! Wenn das Siegel rund ist, kann man es leicht verkehrt aufkleben. (Das Siegel des Drachengottes beim 36-Drachen-Siegel ist ganz oben.)

Am besten besorgst du dir ein kleine Dose Lack auf Wasserbasis – einen so genannten Acryllack. Sehr gut eignet sich ein Fimo Seidenmatt-Lack. Damit bestreichst du das Amulett auf der Seite mit dem Siegel ganz dünn.
Wenn sich die erste Lackschicht trocken anfühlt, ist es besser, das Amulett noch ein zweites Mal zu lackieren. Die raue Rückseite wird nicht lackiert, denn so kann das Leder atmen und ist bei Hautkontakt angenehmer zu tragen.

Wenn das erledigt ist, kannst du dazu ein passendes Lederband durch das Loch ziehen. Wenn du den Knoten gleich oberhalb des Amuletts machst, liegt es beim Tragen gerade. Oder du nimmst ein Ringerl von einem Schlüsselanhänger, biegst es auf, fädelst es durch das Loch des Amuletts und biegst es wieder zusammen. So kannst du jede beliebige Kette daran befestigen und dein eigenes selbstgemachtes 36-Drachen-Siegel-Lederamulett oder eines der 36 Drachensiegel als Drachen-Siegel-Lederamulett um den Hals tragen.
Dies wäre auch sicher ein wunderschönes Geschenk, ein Stück echte Drachenmagie.

≈ Kapitel VI ≈
Mein Leben als Hexenmagier

Als Kind faszinierten mich schon immer die Kinderfilme, in denen Magie im Spiel war, und ich sammelte sehr gerne Kristalle und Steine.
Diese versteckte ich in einer Schatulle, begrub diese in unserem Park und zeichnete eine Schatzkarte.
Denn Piratenfilme und das Finden von Schätzen interessierten mich, im Alter von sechs oder sieben Jahren, auch sehr.
In diesem Park gab es auch Lianen, an denen ich auch herumturnte.
Als Kind war ich in späteren Jahren sehr mollig und ich war schon immer ein Tagträumer. Das sagte meine Lehrerin in der Volksschule immer.

In der Hauptschule begannen meine Mitschüler immer in den Pausen mit dem Tischrücken, Geisterbeschwören.
Dies faszinierte mich sehr und ich begann selbst zu Hause alleine mit einem kleinen Styroportischchen, Geister zu beschwören. Als Füße des Tischchens dienten zwei Holzstöckchen, der dritte Fuß war ein Bleistift, so dass man – auf ein weißes Blatt Papier gestellt – sieht, was der Geist „schreibt". Mit damaligen Freunden machten wir an einem großen runden Tisch öfters eine Seance. Das Medium, eine liebe Freundin, hatte die Gabe, dass, egal welches Wesen sie rief, dieses auch sofort kam.

Doch hatten wir einmal ein nicht so gutgesinntes Wesen bei uns, dies merkte ich daran, dass es sich anfühlte, als ob ich eine Platte am Kopf hätte und diese drückte.
Außerdem hatte ich das Gefühl, keinen Boden unter den Füßen zu haben, als ob man unter sich ein schwarzes Loch hätte und man immer tiefer abwärts sinkt.
Dieses Gefühl merkte ich mir, und immer, wenn ich wieder so ein Gefühl hatte, wusste ich, dass ein nicht gutgesinntes Wesen in der Nähe ist, das mir schaden möchte.

Mit 14 Jahren habe ich dann bewusst 15 Kilogramm abgenommen, was mein Selbstwertgefühl sehr steigerte. Am Abend las ich gerne Vampir- und Geister-romane und war sehr fasziniert davon. Ich sammelte alles zusammen, wie man sich vor bösen Geistern oder „dem Bösen" schützen kann: Die Symbole des Schutzes oder Zaubersprüche. Zu dieser Zeit ahnte ich noch gar nicht, dass es so etwas wie Magie wirklich gibt.
So fiel mir zu dieser Zeit ein Buch in die Hände, welches von den Kräften und

der Praxis des Unterbewusstseins und Hypnose handelte. Ich machte die Hypnoseversuche mit mir selbst, einem damaligen Freund und dessen Schwester, was oft sehr lustig war.

Danach folgten Bücher über die Praxis von ASW, außersinnlichen Wahrnehmungen, und PSI sowie Bücher über Außerirdische. So verschlang ich alles, was in diese Richtung ging, wie Kartenlegen, Amulette, Horoskope, Handlesen usw.

Im Zuge dessen machte ich mir selbst einen schwarzen Spiegel, und nach dem Erlebnis, das ich mit diesem schwarzen Spiegel hatte, weiß ich, dass dies nicht ungefährlich ist.
Ich besorgte mir sogar in einer Glaserei eine runde Glasscheibe, modellierte am Rand eine Schlange, die sich selbst in den Schwanz beißt (Symbol für die Ewigkeit), und auf der Rückseite begoss ich die Glasscheibe mit schwarzem Lack. Als dieser trocken war, malte ich magische Symbole und natürlich ein besonderes Pentagramm mit weißer Farbe auf die Rückseite meines neuen schwarzen Spiegels.

Das Tor des schwarzen Spiegels öffnete ich immer bei Kerzenlicht und besuchte verschiedene Welten (und das mit 19 Jahren). Zu dieser Zeit trainierte ich mich auch im Visualisieren, was mir als Fähigkeit angeboren war.

Eines Abends, als ich nicht zu Hause war, hatte ich ein seltsames Gefühl, das mich sehr unruhig werden ließ. Mein Gefühl sagte mir, dass es mit dem Spiegel zu tun hat, obwohl ich diesen immer mit einem Tuch aus echter Seide abdeckte. Denn angeblich lässt Seide keine Energie durch.

Der Freund, bei dem ich gerade war, wusste, dass ich mich mit Magie befasste, glaubte mir und brachte mich sofort mit seinem Auto nach Hause. Zuhause angekommen schnappte ich mir meinen schwarzen Spiegel und ging in die Natur hinaus, auf einen Weg, und zerschlug den Spiegel an einer Betonsäule. Der schwarze Spiegel zerbarst in unzählige Scherben. Er war mir zu stark und zu gefährlich geworden.

Viele Jahre später kam ich zu dieser Stelle zurück, um einen einzigen Splitter von dem schwarzen Spiegel zu finden. Den fand ich auch und machte mir daraus einen Anhänger. Doch ich hatte ihn nur eine kurze Zeit, Tage später zermalmte ich diesen Splitter mit einer für mich magischen Figur. So beseitigte ich die letzte Verbindung zu diesem schwarzen Spiegel.
Ich lernte daraus, dass man zwar Tore in andere Welten öffnen kann, aber ein schwarzer Spiegel immer irgendwie ein Tor darstellt, von dem dunkle Wesen angezogen werden, das spürte ich.

In diesem Lebensabschnitt lernte ich meine zu diesem Zeitpunkt Meisterin kennen, die mir immer wieder sagt: „Horch in dich hinein, was spürst du??? Glaubst du das wirklich???“
Meine damalige Meisterin führte mich immer wieder zu meinem innersten Selbst, lehrte mich, in mich hineinzuhorchen. Denn Magie und Kräfte soll man nicht außerhalb suchen, sondern immer zuerst in sich selbst.
Seit vielen Jahren weiß ich: dies ist der richtige Weg. Es gibt auch eine Geschichte, in der ein Meister zu seinem Schüler sagt, er habe jetzt seine letzte Prüfung mit verbundenen Augen, und ihm etwas befiehlt, wobei sich der Schüler verletzt.
Der Meister sagt ihm, die letzte Prüfung sei, auf sein Inneres zu hören und sich selbst mehr zu vertrauen als einem Meister.

Diese Geschichte gab mir sehr zu denken und brachte mich sehr weiter.
Am allerschlimmsten waren für mich meine Gefühle.
Ich spürte so viel und sah auch mit meinem geistigen Auge, konnte es aber nicht deuten, wusste nicht, was mir meine Gefühle sagen wollten, erkannte nicht die Bedeutung. Gefühle deuten zu können ist, finde ich, das Schwierigste, denn das lernt man nur aus Erfahrung, durch das Wissen aus der Erfahrung, wie sich etwas anfühlt.
Dieses wissende Gefühl speichert man in sich, und wenn man das nächste Mal wieder so etwas Ähnliches fühlt, weiß man, was es ist bzw. bedeutet.
Dazu gehört auch, Gefühle vergleichen zu können.

So sah ich einmal am Himmel einen großen Feuerball und hatte ein Gefühl, als ob jemand, den ich kenne und auch sehr gern habe, in Gefahr sei.
Zu diesem Zeitpunkt hatte ich meinem inneren magischen Wesen (so nannte ich es) schon die Erlaubnis gegeben, selbständig zu handeln, was es auch immer tat.
Es war wie ein Gedankenbefehl an mein Inneres und ich war mit meinem Bewusstsein nur einfach Beobachter. Ich beobachtete mich selbst, wie die inneren magischen Kräfte flossen und mein inneres magisches Wesen handelte. Ein anderes Mal wollten wir zu dritt unter einer Brücke durchgehen. Aber ich sah Linien und hatte so ein arges Gefühl, dass, wenn wir jetzt unter der Brücke durchgehen, wir mit etwas, das in einer Energiebahn oder Energielinie läuft, zusammenstoßen werden.
Ich habe die beiden gebeten, noch zu warten, und dann war dieses komische Gefühl weg. Ich wusste: die Gefahr war vorüber, und dieses Etwas war in seiner Energiebahn vorbeigezogen, ohne dass wir damit zusammengestoßen sind.

Auch bei der Arbeit hatte ich einmal so ein komisches Gefühl, als ob mir mein inneres magisches Wesen (IMW = inneres magisches Wesen) etwas sagen wollte. So beschloss ich, mich in der Toilette einzusperren, wo ich ungestört war. Meinem IMW gab ich den Gedankenbefehl, frei zu handeln.

Um das genauer zu beschreiben: diese Gefühle waren so stark für mich, dass sie mein Leben massiv beeinflussten. Ich sah das aber nie als Fluch meiner Begabung, sondern als Segen, helfen zu können. Man hat seine Fähigkeiten nicht ohne Grund.

Als ich meinem IMW den Gedankenbefehl gab, jetzt frei zu handeln, gelangte ich sehr schnell in einen Trancezustand, in dem ich mich nach unbestimmter Zeit im Universum sah. Ich schwebte im Universum und sah um mich herum die Sternenlichter und vor mir etwas wie eine Spirale aus buntem Rauch.

Es war kein Rauch, sah aber ungefähr so aus. Er hatte die Farben Grün und noch eine, die ich nicht mehr erinnere. Was ich spürte, war wie ein Tor, und mein IMW hob eine Hand. Aus dieser strahlte ein Lichtstrahl direkt ins Zentrum der Spirale, wobei es Worte in einer mir unbekannten Sprache sprach.

Es war sehr aufregend, denn ich selbst war mit meinem Bewusstsein nur Beobachter, spürte aber immer die Gefühle und alles, was mein IMW machte. Dieses Tor zu schließen war total anstrengend und beanspruchte eine gewisse Zeit und einen riesigen Energieaufwand. Als mein IMW fertig war, erwachte ich sozusagen und kehrte wieder ins Jetzt zurück, in meinen Körper.

Die Natur und ihre Wesen liebte ich immer, fühlte mich auch mit ihnen sehr verbunden.
Eine Zeitlang verbrachte ich meine Urlaube immer in der Natur. Ich spürte die Naturwesen sehr stark und kommunizierte mit ihnen auf einer eigenen Ebene des Herzens und der Gefühle.

Im Alter von etwa 16 bis 23 Jahren hatte ich immer wieder ein sehr unangenehmes Gefühl. Es war ein Ziehen an den Händen, den Beinen, überall am Körper, als ob mich etwas riefe.

Eines Abends reichte es mir und ging der Sache bewusst nach, legte mich in meinem Bett auf den Rücken und wollte diesem Ruf folgen. Dem Gefühl zu folgen war nicht schwer. Ich denke, sie haben nur darauf gewartet, bis ich so weit bin. Dort angekommen, wo dieser Ruf herkam, spürte ich, dass ich dorthin begleitet wurde von etwas, das mir sehr vertraut war, und ich sah auf einem Naturplatz einen alten Steinbrunnen. Um ihn herum standen Gestalten in weißen Kutten und hielten einander bei den Händen.

Der Ruf kam aus dem Inneren des Brunnens und ich bekam leichte Angst, wobei mir sofort auf einer anderen, eigenen Ebene gesagt wurde, ich brauche keine Angst zu haben, ich kenne alle hier. Dies stimmte und wurde mir bewusst, als mein Gefühl mir dies bestätigte.

Auch wurde ich gefragt, ob ich jetzt so weit sei und ob ich es empfangen möchte – eine Kraft oder etwas, das irgendwie ein Teil von mir selbst ist. Denn dieser Ruf, den ich viele Jahre spürte und auf den ich mich konzentrierte, kam von einem Wesen, mit dem ich irgendwie verbunden war. Ich stimmte zu, sagte, dass ich so weit bin, es zu empfangen, und blickte von oben in den Brunnen, wo ich nur Dunkelheit sah. Ich schwebte über dem Brunnen und ließ mich geistig fallen. Gab mich dieser Kraft, diesem Wesen hin, ohne jeden Widerstand.

Es war unbeschreiblich, ich spürte, wie mich diese Kraft oder dieses Wesen immer stärker und stärker machte, spürte die Übertragung. Was immer es war, ich kann es nicht wirklich beschreiben. Lichter in hellem Blau waren um mich herum, sie kamen von den Gestalten um den Brunnen. Dann, ich weiß nicht mehr die Zeit, weiß nur mehr, dass ich mich bedankte und wieder in meinem Körper aufwachte, wo ich mich kompletter, vervollständigter fühlte. Mir wurde bewusst, dass ich eine Kraft, einen Teil, mit dem ich eine Einheit bin, zurückbekommen habe.
Ab diesem Zeitpunkt ging es mir besser. Dieses rufende Ziehen hatte ich nie mehr wieder.

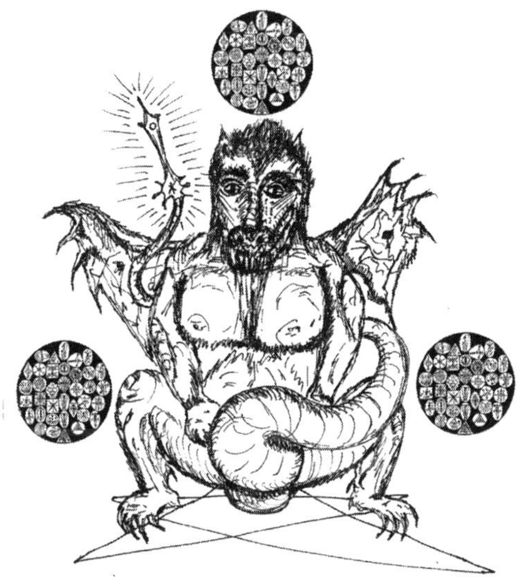

Ein langer Weg

Nach dieser Zeit übte ich mich im Channeling, aber nicht mit der Kontaktaufnahme mit Toten, sondern mit anderen Wesen anderer Welten. Am Anfang konnte ich mich danach nicht mehr an die Kommunikation erinnern, weil man das Channeln erst üben muss. Es ist so wie beim Träumen: wenn man aufwacht, weiß man nicht mehr, was man geträumt hat.

Beim Channeling lernte ich sehr gut, Gedanken in Gefühle umzuwandeln, und Gefühle, die als Antwort von einem anderen Wesen auf mich zukamen, in Gedanken umzuwandeln. So lernte ich mehr und mehr, meine Gefühle zu verstehen und in meinem Kopf zu ordnen. Auch die Verbindung mit meinem höheren Wesen war für mich immer wunderschön und sehr hilfreich, wie eine Segnung oder eine Botschaft in meinem Leben. Es gab mir auch das Gefühl, geführt und beschützt zu werden.

Ich fand mein männliches Kraftwesen und davor mein weibliches Kraftwesen. Durch meine Begabung, Wesen und deren Kräfte anrufen zu können, versuchte ich mir selbst, aber großteils anderen Menschen zu helfen.

So fallen mir noch weitere Erlebnisse ein: Als ich eines Nachts zur Sommerzeit heulend und weinend bei geöffnetem Fenster saß, ich hatte eine Kerze am Fensterbrett angezündet und war total am Boden, am Ende meiner Kräfte.
Es kam wirklich in tiefster Not meiner Seele ein Totenkopfnachtfalter angeflattert und setzte sich direkt vor mich aufs Fensterbrett, ca. 50 Zentimeter vor mir, und blieb still sitzen.

Noch nie hatte ich in meinem Leben davor und danach einen so großen Nachtfalter gesehen. Ich hatte mit ihm geistigen Kontakt, bei dem er mir Trost spendete, und ich sah ihn als Zeichen, dass alles wieder gut werden würde und ich nicht mehr traurig sein sollte. Andere höhere Wesen würden mich führen und ich solle ihnen vertrauen.
Mir ging es sofort besser und ich wusste, ich war auf dem richtigen Weg in meinem Leben.

Als Hexenmagier ist es wirklich nicht einfach in dieser Welt. Vor allem, sich selbst zu finden und sein wirkliches inneres wahres Ich. Man ist total anders und in der Gesellschaft gibt es wenige, mit denen man offen darüber reden kann. Zum Beispiel: „Gestern habe ich wieder mit meinem Drachen geredet.“ Für Kinder ist es leichter, da sie noch mehr Fantasie und den freien Geist besitzen.

Wie oft habe ich an der Magie und an den höheren Wesen gezweifelt! Ich dachte so oft, ich bilde mir alles nur ein.

Und doch zeigten mir die Erlebnisse, die ich hatte, die Wahrheit. Hätte mir egal wer erzählt, es gäbe Drachen, Elfen, Gnome, Trolle, Hexen, Magier, Vampire, Werwölfe etc., so hätte ich das ziemlich angezweifelt.

Ich glaube wirklich nur das, was ich selbst erlebt habe, nie das, was mir jemand über andere Welten und ihre Wesen und Kräfte erzählt und sagt.

Die Wildpferde in Österreich

Als ich im Alter von 19 Jahren mit meiner Familie in Salzburg auf dem Hochkönig bergsteigen ging, sahen wir von weiter oben, unten am Fuß des Berges, echte Wildpferde. Dies war im Jahre 1989. Ob es dort noch heute Wildpferde gibt, weiß ich nicht.

Als wir nach mehreren Stunden, ich denke ca. 4 Stunden, am oberen Abschnitt des Berges ankamen, sahen wir ca. zehn Meter vor uns eine sehr große Wildstute, die wie erstarrt dastand. Am Boden bei ihren Hufen lag ein junges Wildpferd. Einige Meter neben der Wildstute stand, ebenfalls wie erstarrt, ein Wildhengst. So ca. 20 Meter weiter entfernt stand noch ein Wildpferd.

Wir alle waren fasziniert davon und schlichen uns regelrecht an ihnen vorbei, um sie nicht zu stören. Mein Gefühl sagte mir, dass das junge Wildfohlen, wie es so am Boden lag, krank war und ich spürte die starke Verbindung und den Kontakt mit meinem höheren Wesen: ich solle helfen.

Wie in Trance, und ich kann es heute noch kaum glauben, obwohl ich es selbst erlebt habe, näherte ich mich dem jungen Wildfohlen und fragte die Wildstute geistig, ob ich dem Fohlen helfen dürfe. „Ja", war die Antwort, die als Gefühl von ihr kam, und so kniete ich nieder und legte meine Hände auf den Bauch des jungen Wildpferdes. Mein inneres magisches Wesen (IMW) war schon längst aktiv – deshalb der Trancezustand – und es ließ Energie und Kraft durch meinen Kopf, meinen Körper, meine Hände in das Wildfohlen fließen.

Die Zeit blieb stehen. Es gab sie gar nicht mehr, nur das Sein, die Kraft, die Energie, um das Tier wieder gesund zu machen. Nach unbestimmter Zeit erwachte ich aus dem Trancezustand und stand auf, bedankte mich bei den so wunderschönen und anmutigen Tieren, dass ich helfen durfte und versuchte, meine Familie einzuholen. Als ich mich umdrehte und zurückblickte, sah ich, wie das Wildfohlen richtig aufsprang und Bewegung und Leben in alle Wildpferde kam.
Ich spürte sehr stark, wie sich alle freuten und glücken waren, und die Wildstute sah zu mir und sagte: „Danke, ich danke dir."
Es ist wirklich so geschehen wie ich es erzählt habe, und während des Schreibens laufen mir die Tränen die Wangen herunter.

Nach einer kleinen Pause hier beim Schreiben zum Abtrocknen meiner Tränen: So ein Erlebnis mit den Tieren und dieser höheren Kräfte, was ich erleben durfte, macht mich wirklich überglücklich und berührt meine Seele zutiefst. Dies sind für mich meine realen Erlebnisse, die jeden Zweifel hinwegpusten.

Sehr lange habe ich nicht mehr an meine übernatürlichen, magischen Erlebnisse gedacht. Doch wäre es schön, über mein ganzes Leben als Hexenmagier ein eigenes Buch zu schreiben, denn für alles ist hier kein Platz.

Und später, nach meinem ersten Drachenerlebnis in meinem Herzen, wie auf den ersten Seiten dieses Buches beschrieben, nachdem mein männliches Kraftwesen mit meinem weiblichen Kraftwesen zu einem einzigen Wesen – einem Drachen – verschmolzen ist, entstanden viele Drachen-Freundschaften mit sehr viel Liebe und Hingabe.

Mir ist bewusst, dass ich aus einem meiner früheren Leben als Hexe verbannt worden bin sowie ich in einem anderen noch früheren Leben ein Zauberer gewesen bin. Und ich weiß, dass es Menschen sowie Drachen gibt, die sich Freundschaft und magische Zusammenarbeit aus tiefstem Herzen ersehnen und wünschen.

Heute arbeite ich magisch großteils wirklich nur mit Drachen zusammen. Sie wählen ihre eigenen und selbständigen Wege, um mir nicht nur als Hexenmagier, sondern auch im alltäglichen Leben als Mensch in liebevoller Freundschaft zu helfen.

Wahrlich, es geschehen täglich Wunder, und ich staune immer wieder, wie die Drachen das schaffen und machen. Doch vertraue ich ihnen, weil es meine Freunde sind. Je gelassener und lockerer man den Drachen aus reinem Herzen begegnet, desto freier wird man und kann mit der Zeit Vertrauen finden, so wie die Drachen einem mit der Zeit vertrauen können.

Doch habe ich auch schon harte Zeiten des magischen Lernens und Veränderung durch die Drachen erlebt. Wenn es einem zu schnell geht, kann man sie bitten, langsamer zu walten. Denn die Drachen werden einem immer zuhören und sich auf den jeweiligen persönlichen Entwicklungsstand einstellen.

Ratschläge des Hexenmagiers

Man kann sich bei den Drachen wirklich so geben, wie man ist. Aus seinem Herzen heraus, ohne sich genieren zu müssen. Die Natur und die Natürlichkeit seines Wesens sind wichtig, um sein inneres, natürliches magisches Wesen zu finden.

Man kann aber ganz einfach in den Wald gehen und sich in seinem Inneren wünschen, einem Drachen zu begegnen, oder darauf warten, bis ein Drache zu einem kommt und sagt: „Hallo, da bin ich." Aber warum warten, wenn man nicht viel Aufwand aufbringen muss, um mit einem Drachen Kontakt aufzunehmen und Freundschaft zu schließen.

Dieses Buch soll es so einfach wie möglich machen, Drachenmagie ausüben zu können. Ohne lange Text zu lernen und ohne andere Hilfsmittel, die man sich besorgen muss.
Man braucht lediglich die 36-Drachen-Siegel, die man auf den letzten Seiten des Buches ausschneiden kann, und den inneren Herzenswunsch, mit Drachen befreundet zu sein, dann ist es für jeden einfach und leicht, auch wenn man noch nie Magie ausgeübt oder magische Erfahrungen hat.

Denn für die Drachen zählen das Herz und die Absicht, aus welchem Grund man Kontakt mit ihnen aufnimmt. Sie erkennen die Absichten und wie man vom inneren Wesen, seiner Persönlichkeit und seinem Charakter her ist, egal welche Maske man trägt.

Die Drachen helfen in allen Lebenssituationen im alltäglichen Leben genauso wie in allen magischen Welten und Ebenen. Wenn man nicht weiß, welcher Drachen am besten für einen ist, oder Probleme hat, bei denen man nicht mehr ein und aus weiß, rate ich, geistig zum Drachenvater oder zur Drachenmutter zu gehen.

Die Drachen sind herzensgute Wesen, die aber auch, so wie wir Menschen, schon oft genug verletzt und enttäuscht wurden. So haben wir sicherlich Verständnis, dass alles seine Zeit braucht. Das Vertrauen zu den Drachen sowie die magischen Wege, die wir beschreiten, brauchen ihre Zeit.

Es bringt ja auch nichts, wenn man über einen Berg fliegen möchte. Es ist besser, Schritt für Schritt durchdacht und gezielt seinem Ziel entgegenzugehen, mit Freunden als Begleiter und Weggefährten, um gestärkt und wohlauf anzukommen. Es bringt auch nichts, wenn wir am Ziel zusammenbrechen. Davon hat man nichts.

Der Drachengott beschützt alle seine Drachen und spürt sofort durch den Drachengeist, wenn etwas Böses einem Drachen schaden möchte. Dann werden sich alle Drachen gegen dieses Böse rüsten.

Ich habe lange überlegt, dieses geheime Drachenwissen an die Öffentlichkeit zu bringen. Der Drachengott möchte dies so, weil er meint, es gäbe bestimmte auserwählte Menschen, die mit den Drachen verbunden sind. Und dass die Zeit dafür jetzt reif sei, um zum Ursprung der Zeit zurückzukehren, wo der erste Drache diese unsere Welt berührte.

Der Hexenmagier

HERZLICHSTE DRACHENGRÜSSE

VON ALLEN DRACHEN UND IHREM HEXENMAGIER

Das kleine 36-Drachen-Siegel zum Ausschneiden

(Bitte kopieren und möglichst auf die richtige Größe skalieren. Danach einfach ausschneiden.)

DAS 36-DRACHEN-SIEGEL FÜR DAS LEDERAMULETT

Das große 36-Drachen-Siegel zum Ausschneiden

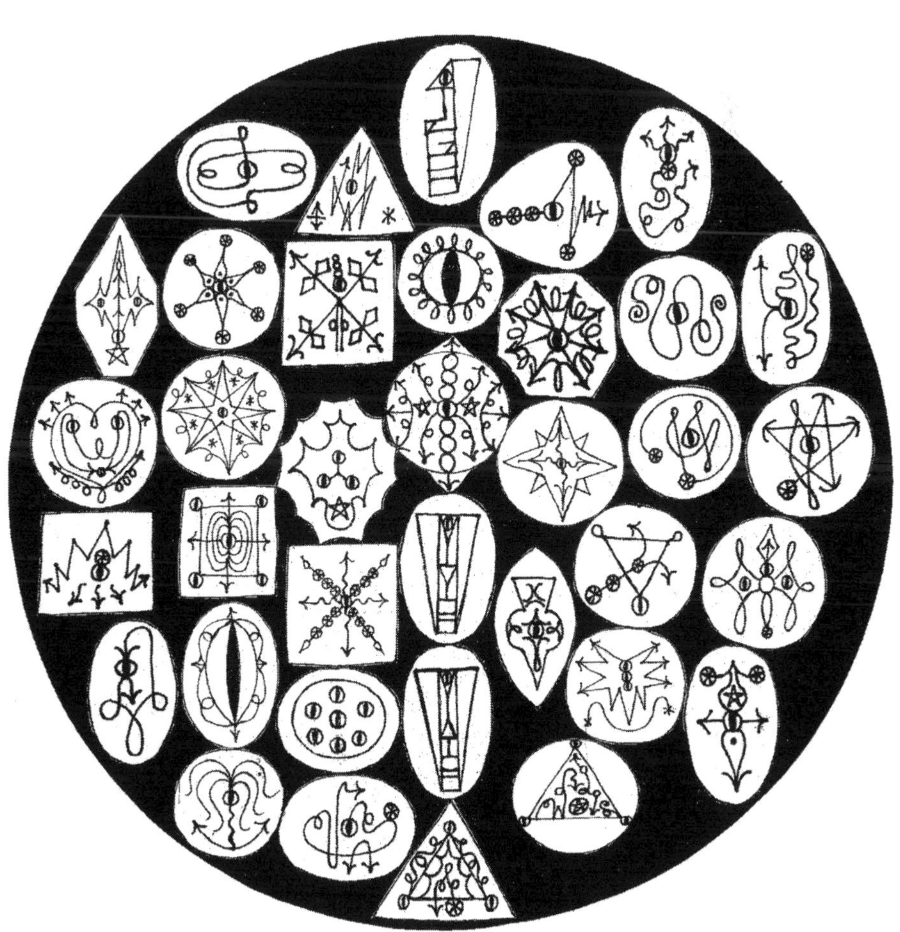

Das Pentagramm zum Ausschneiden

Die 36 Drachensiegel zum Ausschneiden

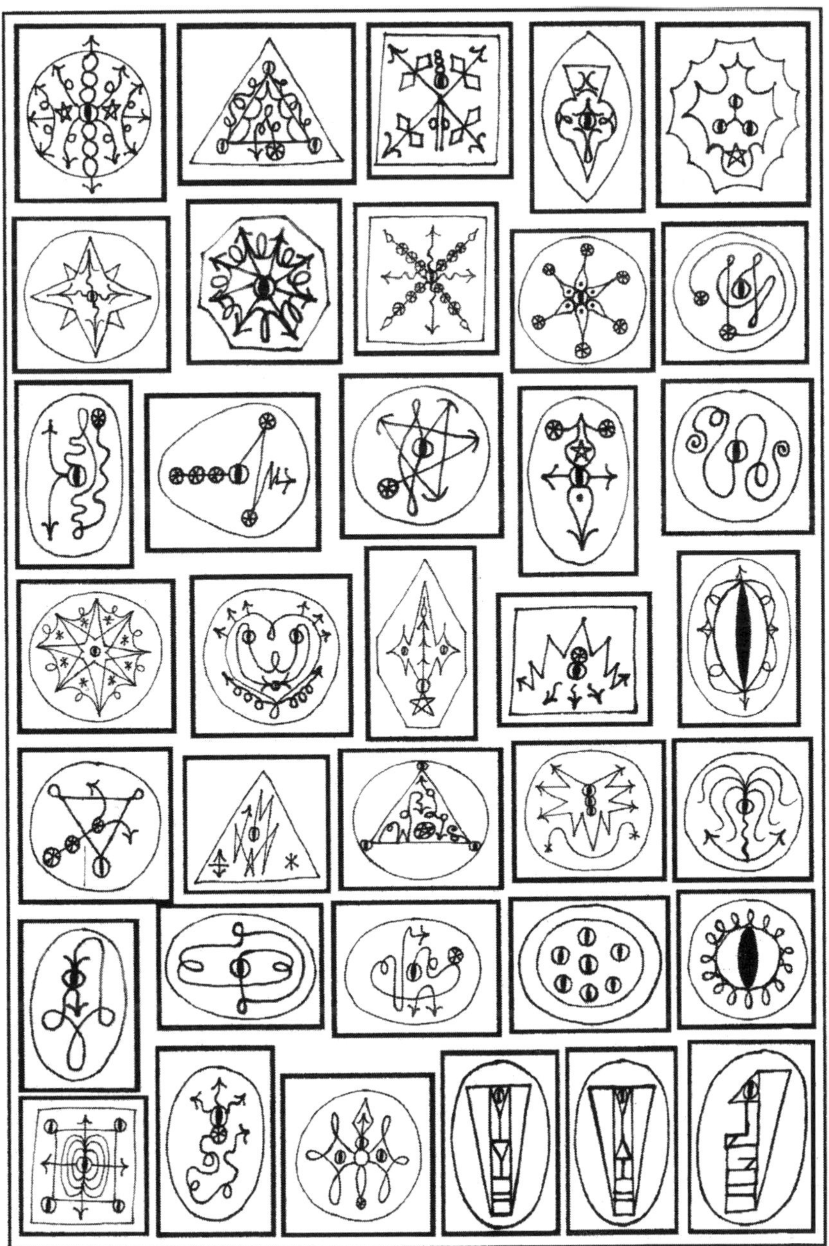